Jakob Frohschammer

# Beleuchtung der päpstlichen Encyclica vom 8. December 1864

und des Verzeichnisses der modernen Irrtümer

Jakob Frohschammer

**Beleuchtung der päpstlichen Encyclica vom 8. December 1864**
*und des Verzeichnisses der modernen Irrtümer*

ISBN/EAN: 9783742868404

Hergestellt in Europa, USA, Kanada, Australien, Japan

Cover: Foto ©Lupo / pixelio.de

Manufactured and distributed by brebook publishing software (www.brebook.com)

Jakob Frohschammer

**Beleuchtung der päpstlichen Encyclica vom 8. December 1864**

# Beleuchtung

der

# päpstlichen Encyclica

vom 8. December 1864

und

des Verzeichnisses der modernen Irrthümer.

Nebst einem Anhang:

Kritik der Broschüre des Bischofs von Orleans.

Von

J. Frohschammer.

Zweite, mit einem neuen Vorwort vermehrte Auflage.

Leipzig:
F. A. Brockhaus.
1870.

# Beleuchtung
### der
# päpstlichen Encyclica.

# Beleuchtung der päpstlichen Encyclica

vom 8. December 1864

und

des Verzeichnisses der modernen Irrthümer.

Nebst einem Anhang:

**Kritik der Broschüre des Bischofs von Orleans.**

Von

**J. Frohschammer.**

---

Zweite, mit einem neuen Vorwort vermehrte Auflage.

Leipzig:
F. A. Brockhaus.
1870.

# Vorwort zur zweiten Auflage.

Diese „Beleuchtung" der päpstlichen Encyclica von 1864 und des Syllabus, welche bald nach deren Publication erschien, hatte die Aufgabe, über die wahre Bedeutung derselben wenigstens in Bezug auf die wichtigsten Sätze aufzuklären, auf die Gefahren aufmerksam zu machen, welche für den modernen Staat, für die Wissenschaft und die Schule daraus entstehen, und die Mittel anzudeuten, durch welche denselben zu begegnen sei, endlich auch die Vertuschungen und Schönfärbereien, welche da und dort z. B. vom Bischofe Dupanloup versucht wurden, in ihrem wahren Werthe zu zeigen. Seitdem haben die Dinge den Verlauf genommen, der beabsichtigt war von der Römischen Curie, und der sich erwarten ließ, da nirgends ein ernster, entscheidender Widerstand sich erhob, um der Entwickelung der Dinge zum Aeußersten noch rechtzeitig Einhalt zu thun. Encyclica und Syllabus konnten größtentheils ungehindert amtlich publicirt, den Geistlichen und Gläubigen zur Danachachtung in Kirche und Schule eingeschärft werden und so unter dem Schutz des nämlichen Staates sich einführen und geltend machen, gegen den sie der Hauptsache nach gerichtet waren. Dieser wähnte sich sicher und meinte, jeden Augenblick leicht mit der kirchlichen Opposition fertig zu werden, wenn es darauf ankomme, — nicht bedenkend, daß die blos physische Gewalt ein schlechtes Mittel sei, sich geltend zu machen, wenn der feindlichen Kirche die Seelen überlassen sind, und diese von derselben ungehindert von der frühesten Jugend an und fort und fort im Namen Gottes selbst gegen den modernen Staat, gegen Wissenschaft und Civilisation eingenommen, mit Vorurtheilen erfüllt, zuletzt fanatisirt werden können. Die seitdem verflossene Zeit ward denn auch in diesem Sinne von der ultramontanen, jesuitischen Partei auf das entschiedenste benutzt und die Dinge konnten so weit gedeihen, daß es Zeit wurde, ein allgemeines Concil auf den 8. December 1869 nach Rom einzuberufen.

Damit ist denn die Encyclica vom 8. December 1864 nebst dem Syllabus von 80 sogenannten Irrthümern zu einer acuten Angelegenheit geworden; denn niemand kann jetzt noch in Zweifel sein, daß dieses allgemeine Concil wesentlich zu dem Zweck berufen sei, das zu vollenden, was durch Encyclica und Syllabus versucht und angebahnt ward; oder vielmehr: für alle Forderungen und Verdammungen derselben das ganze Gewicht der gesammten Kirche einzusetzen dadurch, daß der versammelte Episkopat durch feierliche Annahme und Verkündung seine Sanctionirung gibt und die Gläubigen im Namen der Kirche und Gottes zu unversöhnlicher Feindschaft gegen den modernen Staat, gegen die Wissenschaft und die Civilisation der neuern Zeit im Gewissen verpflichtet: ein Beginnen, dem womöglich die Krone aufgesetzt werden soll durch Dogmatisirung der persönlichen Unfehlbarkeit des Papstes. Wer daher Bedeutung, Zweck und Folgen der Encyclica und des Syllabus von 1864 erkennt, der hat damit auch Erkenntniß gewonnen von der Bedeutung und den Zielen des allgemeinen Concils und weiß mit Zuverlässigkeit, welche Beschlüsse von demselben zu erwarten sind und erfolgen werden. Eben deshalb erscheint es uns angemessen, diese „Beleuchtung" dem gebildeten Publikum Deutschlands wiederum vorzulegen, und zwar nicht mehr anonym, wie das erste mal, da es uns geboten erscheint, in dieser acuten Krisis ebenso offen als entschieden aufzutreten, um wenigstens in Bezug auf die wichtigsten Punkte in dieser Angelegenheit möglichst klare Einsicht zu vermitteln, noch bestehende Illusionen zu zerstören und womöglich eine entschiedene Haltung dem Vorgehen des Ultramontanismus und der jesuitischen Römischen Curie gegenüber anzubahnen. Zwar haben einige Staats= männer in der neuesten Zeit Schritte gethan, die Regierungen zu einer festbestimmten, entschiedenen Haltung gegenüber den bedroh= lichen Beschlüssen des allgemeinen Concils zu veranlassen — leider ohne besondern Erfolg und überdies auch zu spät, da das allge= meine Concil bereits sozusagen dem modernen Staate das Messer an die Kehle gesetzt hat und bereit ist, dem blindgläubigen, geistig vergewaltigten Volke es im Namen Gottes zur Glaubens= pflicht zu machen, den Stoß zu führen, wenn derselbe sich den Beschlüssen der „Kirche" nicht fügen will. Ueberdies ist klar, daß die versammelten Bischöfe die Sanctionirung der Encyclica und des Syllabus von 1864 der Römischen Curie gar nicht mehr versagen können, nachdem sie dieselben vor fünf Jahren allent= halben angenommen, amtlich und feierlich verkündet und dem Klerus und dem Volke die Danachachtung als kirchliche Pflicht eingeschärft haben. Sie würden im Falle einer Verweigerung der feierlichen Annahme und der Sanctionirung derselben nicht blos dem Papste gerade in dem Augenblicke, wo es sich um dessen Unfehlbarkeit handelt, das stärkste Démenti geben, das je einem Papste widerfuhr, sondern auch sich selbst widersprechen, müßten das widerrufen, was sie zuvor amtlich verkündet haben, und sich dadurch vor den Augen der Gläubigen auf das schwerste com= promittiren. In diesen gänzlich verfahrenen Verhältnissen wird nichts übrigbleiben, als daß der besonnene denkende Theil der Völker das Beste zu leisten suche, um dem heftigen Andrang der jesuitischen Curie und Hierarchie gegen die moderne Civilisation zu widerstehen, indem er sich bemüht, das Volk aufzuklären und die liberalen Regierungen zu stützen. Wir möchten durch unsere Schrift hierzu Einiges beitragen.

Als wir diese „Beleuchtung" zum ersten male veröffentlichten, hegten wir noch einige Hoffnung, daß Encyclica und Syllabus auch bei der jetzigen Organisation der Kirche doch nicht zur entschiedenen Geltung durchdringen, sondern hinreichenden Widerstand finden würden. Diese Hoffnung war eine illusorische und mußte angesichts der Vorbereitungen zum allgemeinen Concil und der bisherigen Vorgänge auf demselben vollständig schwinden. Welch ein Schauspiel bietet dieses Concil! Keinerlei Anerkennung des Staates, der Wissenschaft, der Civilisation der neuern Zeit; keine Art von Bekenntniß, daß die Wissenschaft für Erforschung der Wahrheit und für Veredelung des Menschengeschlechts Großes geleistet; nichts von einem Zugeständniß, daß der moderne Staat um das Volkswohl, um Erhöhung der Rechte und Freiheiten der Völker sich verdient gemacht, das Menschendasein würdiger gestaltet, für Realisirung der Idee der Humanität Verdienstliches geleistet und dadurch dem praktischen Christenthum gedient, dem Willen Christi entsprechend gewirkt habe! Statt dessen immer nur Klagen und Schmähungen gegen alle Bestrebungen und Leistungen der neuern Zeit, und unendliches, maßloses Blähen mit Selbstgerechtigkeit, als wäre man in Rom allein frei geblieben von aller sittlichen Corruption, als wäre man daselbst allein ein unerschöpflicher Quell lauterer Erkenntniß und Wahrheit mitten in dem allverbreiteten Pfuhl sittlichen Verderbens und die ganze Welt verdunkelnder Irrthümer! In Folge davon der Wahn, daß es nichts weiter bedürfe, um in der Welt alle Wahrheit und Gerechtigkeit zu verbreiten und zu bewahren, als unbedingte Herrschaft Roms über alle Völker, als vollständige Unterwerfung aller Völker, aller Staaten und aller Wissenschaften unter den päpstlichen Absolutismus! Solch' pharisäischer Selbstgerechtigkeit, solch unverbesserlicher Verblendung, solch riesigem Dünkel gegenüber ist jedes Streben, Rom selbst zu einer Reform zu vermögen, vergeblich, und es bleibt nichts übrig als fortzufahren, die Völker über den wahren Sachverhalt in diesen

Angelegenheiten aufzuklären, das Unberechtigte des päpstlichen Absolutismus und des ganzen schroffen hierarchischen Wesens zu zeigen und demselben das wahre Christenthum, das nicht vollständig zu einem neuen Paganismus entarten und der gebildeten Gesellschaft gänzlich ungenießbar werden darf, möglichst klar gegenüberzustellen.

Seit dem ersten Erscheinen dieser Schrift ist in dieser Beziehung manches geleistet worden. So hat insbesondere die absolutistische Papstherrschaft und die päpstliche Unfehlbarkeit seitdem die von uns (S. 71) vorhergesagte eingehende und vernichtende Kritik von katholischer Seite erfahren in der mit reichem historischen Material ausgestatteten Schrift: „Papst und Concil", von Janus.\*) Was seitdem dagegen vorgebracht worden ist, insbesondere von „Anti-Janus"\*\*), hat nicht viel zu bedeuten und ändert an der Sache im wesentlichen nichts; denn was hilft es der katholischen Welt, wenn gezeigt werden kann, daß manches, was der Janus als gewiß behauptet, doch nicht so ganz gewiß sei, daß sich nicht noch etwas dagegen sagen lasse, daß manches eine andere Deutung, Auffassung gestatte u. s. w. Welche Zuversicht und Glaubensfestigkeit kann eine päpstliche Unfehlbarkeit gewähren, deren Gewißheit oder Thatsächlichkeit selbst so ungewiß und streitig ist? Welche Schutzwehr kann ein Thurm gewähren, der auf schwankenden Sand gebaut ist und zu dessen Aufrechthaltung bei beständigem Wackeln eine ganze Maschinerie von Stützen, Hebeln und Schrauben nothwendig ist? Immer neue Wendungen müssen gemacht, immer neue Distinctionen müssen ersonnen werden,

---

\*) Leipzig, Steinacker, 1869.
\*\*) „Anti-Janus. Eine historisch-theologische Kritik der Schrift: «Der Papst und das Concil von Janus.» Von Dr. J. Hergenröther, Professor in Würzburg" (Freiburg i. B., Herder, 1870). Auch Franz von Baader hat sich schon vor Jahren gegen die kirchliche Unfehlbarkeit selbst erklärt. Vgl. „Die Verfassung der christlichen Kirche und der Geist des Christenthums. Von Franz von Baader. Herausgegeben von F. Hoffmann" (Erlangen, Deichert, 1870).

um Thatsachen umzudeuten, Schwierigkeiten zu beseitigen, zu verdecken, zu vertuschen, sodaß der einfache Gläubige einem äußerst künstlichen, geschraubten, nach allen Seiten selbst zweifelhaften und anrüchigen theologischen Apparat vertrauen muß, um sein Vertrauen auf die päpstliche Unfehlbarkeit aufrecht zu erhalten! Welch ein Widersinn! — Daß dieser „Anti-Janus" es überdies mit kritischer Sichtung seines historischen Materials nicht gar zu genau nimmt, zeigt sich unter anderm schon darin, daß er z. B., um den Vorsitz des römischen Bischofs auf dem ersten allgemeinen Concil zu Nicäa (325) aufrecht zu erhalten, es nicht verschmäht, sich auf einen solchen Erzverfälscher wie Gelasius von Cyzikus zu berufen.*) Seinen innersten, eigentlich leitenden Grundgedanken spricht der Verfasser des „Anti-Janus" darin aus, daß er bemerkt: Wenn die Papstgeschichte, wie Janus sie darstellt, richtig wäre, so könnte ja der Katholik nicht mehr mit Recht sagen: „Ich glaube an Eine heilige, katholische und apostolische Kirche." Dies geben wir ihm gerne zu, aber es folgt daraus nicht, daß nun die Papstgeschichte des Janus falsch, sondern daß die katholische Kirche eben auch den Bedingungen der Endlichkeit unterworfen sei wie alles Irdische, und den übrigen Religionen und Confessionen sowie der Wissenschaft gegenüber auf den Anspruch der Absolutheit in irgendeiner Beziehung verzichten solle, in Demuth und Bescheidenheit der Wahrheit die Ehre gebend. Man erwäge, wie nutzlos, wie vergeblich die Unfehlbarkeitserklärung des Papstes, ja der Kirche selbst ist, schon deshalb, weil doch die Möglichkeit fortbesteht und sehr wohl selbst in Bälde wieder zur Thatsache werden kann, daß zwei Päpste sich die Herrschaft streitig machen, sich und ihre Anhänger gegenseitig bekämpfen und verfluchen, wie es in der Vergangenheit geschah, und daß demnach

---

*) Vgl. hierüber: „Beiträge zur Kirchengeschichte. Von J. Frohschammer" (Landshut 1850), S. 117—138: „Ueber den Vorsitz auf der Synode von Nicäa (325)."

wirklich eine besondere Unfehlbarkeit für jeden Gläubigen dazu gehörte, den wirklich unfehlbaren Papst unfehlbar richtig zu erkennen und anzuerkennen. Und welche Ironie gegen den ganzen Unfehlbarkeitstaumel liegt darin, daß trotz aller Unfehlbarkeitserklärung die Möglichkeit fortbesteht, daß kirchliche Erlasse fingirt oder gefälscht und den Gläubigen da und dort als wirkliche Ausflüsse der unfehlbaren Kirchenautorität verkündet und aufgedrungen werden können! Der „Anti-Janus" selbst bekennt und beklagt die Thatsächlichkeit solcher Vorgänge in der Vergangenheit. *) In der Zukunft sind sie trotz aller Unfehlbarkeit ebenso wenig unmöglich — wie schon dadurch anerkannt ist, daß erst kürzlich durch päpstlichen Erlaß die Excommunicationsdrohung gegen alle Fälscher apostolischer Briefe und Breves erneuert wurde.

Die erwähnte Schrift von Janus ist indeß selbst auf halbem Wege stehen geblieben, indem sie zwar die Unfehlbarkeit und den Absolutismus des Papstes mit aller Schärfe bestreitet, die Unfehlbarkeit und den Absolutismus der Kirche, d. h. des Episkopats, aber bestehen läßt. Die Thatsachen und die logische Consequenz fordern ebenso sehr das Aufgeben der kirchlichen Unfehlbarkeit selbst. Wir haben dies näher ausgeführt und begründet in der Schrift: „Das Recht der eigenen Ueberzeugung", die kurze Zeit vor dem Werke des Janus erschien **); und in zwei Broschüren: „Zur Würdigung der Unfehlbarkeit des Papstes und der Kirche" und „Die politische Bedeutung der Unfehlbarkeit des Papstes und der Kirche". ***) Neuestens hat sich für diese Ansicht auch Dr. Pichler mit aller Energie ausgesprochen. †) Wenn derselbe, wol haupt-

---

\*) A. a. O., S. 121.
\*\*) Leipzig, Fues' Verlag, 1869.
\*\*\*) München, Th. Ackermann, 1869.
†) In seiner neuesten Schrift: „Die wahren Hindernisse und die Grundbedingungen einer durchgreifenden Reform der katholischen Kirche zunächst in Deutschland. Von Dr. G. Pichler, Oberbibliothekar der kaiserlichen Bibliothek in Petersburg" (Leipzig, Fues' Verlag, 1870).

sächlich auf Grund hiervon, erklärt, daß er ohne Verletzung seines Gewissens in der Gemeinschaft der katholischen Kirche nicht mehr verbleiben könne, wenn nicht eine gründliche Reform derselben vorgenommen werde, so verdient diese Erklärung als Ausdruck von Ueberzeugungstreue zwar alle Achtung, allein der objective wirkliche Sachverhalt fordert dieselbe unsers Erachtens nicht. Die katholische Kirche, wie sie jetzt officiell sich geltend macht, ist ja nicht die wirklich katholische und die wirklich christliche Kirche, sondern sie ist nur eine Partei oder Sekte, die sich der kirchlichen Organisation zur Realisirung ihrer Parteizwecke bemächtigt hat — wie Aehnliches auch in frühern Zeiten geschah. Indem man dieser, freilich seit Jahrhunderten sich entwickelnden Partei entgegentritt, braucht man nicht ausdrücklich aus der Kirche selbst auszutreten, denn das hieße anerkennen, daß diese Partei die Kirche selbst vorstelle oder constituire — was nicht zugestanden werden kann und darf. Der Gemeinschaft dieser ultramontanen Partei oder jesuitischen Sekte aber entsagt man schon dadurch, daß man ihr mit aller Entschiedenheit entgegentritt — und damit hält man sich auch frei von der Schuld, die sie auf sich ladet durch Verderbniß des wahren Christenthums. Und vollends jetzt ist eine ausdrückliche Austrittserklärung aus der katholischen Kirche dieser Partei überflüssig, nachdem infolge der jüngst erlassenen päpstlichen Constitution *) ohnehin alle irgend gebildeten und denkenden

---

*) Constitutio qua ecclesiasticae censurae latae sententiae limitantur. Nach dieser Constitutio soll die Excommunication und zwar ohne weiteres (latae sententiae) treffen: 1) die Apostaten und Ketzer aller Art; 2) diejenigen, welche Bücher der Apostaten oder Ketzer, oder jedes andern auf den Index gestellten Verfassers, lesen; 3) die Schismatiker und alle, die sich dem Gehorsam gegen das Oberhaupt der Kirche entziehen; 4) diejenigen, welche vom Papst an ein künftiges allgemeines Concil appelliren, sowie ihre Rathgeber und Helfershelfer; 5) diejenigen, welche die Mitglieder der katholischen Hierarchie, die Legaten des heiligen Stuhls, die Nuntien verfolgen oder aus ihren Diöcesen oder Gebieten vertreiben; 6) diejenigen, welche direct oder indirect die Ausübung der kirchlichen Gerichtsbarkeit hindern, und die Geistlichen unter

Katholiken als ausgeschlossen aus dieser ultramontanen Kirche, als excommunicirt betrachtet werden müssen, und nach diesem Erlaß nicht mehr zu fragen ist, wer excommunicirt, sondern wer von den Katholiken als nicht excommunicirt zu erachten sei, da das Excommunicirtsein als Regel anzusehen ist. Denn wer von den gebildeten Katholiken liest nicht einmal, sei es auch nur zufällig, eine Schrift oder ein Blatt von einem „Ketzer", oder die Schrift eines katholischen Schriftstellers, die auf den Index der verbotenen Bücher gesetzt ist? Dadurch ist er ipso facto excommunicirt! Oder welcher gebildete Katholik ist nicht für entschiedene Behauptung der weltlichen Souveränetät gegenüber den Ansprüchen des päpstlichen Absolutismus auf Oberhoheit? Dadurch aber verfällt er der Excommunication, denn wer irgend Ansprüche, „Rechte" des Papstes nicht anerkennt, wer nicht unbedingt alle Forderungen desselben erfüllt, wer nicht unbedingt und blindlings der hierarchischen Herrschaft sich unterwirft, ist der Excommunication verfallen und bedarf erst wieder der Lossprechung und neuer Aufnahme in die „Kirche". Man darf sagen unter unsern Verhältnissen, daß wer immer lesen und schreiben kann, in täglicher, stündlicher Gefahr sei, der Excommunication zu verfallen

---

das weltliche Gesetz stellen; 7) diejenigen, welche direct oder indirect die weltlichen Richter zwingen, geistliche Personen den kanonischen Bestimmungen zuwider vor ihren Richterstuhl zu rufen, sowie diejenigen, welche Gesetze oder Decrete gegen die Freiheit oder die Rechte der Kirche erlassen; 8) diejenigen, welche die weltliche Macht in Anspruch nehmen, um die Briefe oder jeden andern Act des Heiligen Stuhls oder seiner Legaten und Delegaten anzuhalten, welche ihre Veröffentlichung und Ausführung direct oder indirect verhindern, und aus Anlaß dieser Briefe und Acte den Heiligen Stuhl und seine Vertreter bedrohen; 9) alle Fälscher apostolischer Briefe oder Breves; 10) diejenigen, welche dem Sünder selbst in articulo mortis die Absolution geben, ohne daß ein anderer Priester, sei er auch nicht für die Beichten bestellt, die Beichte des Sterbenden gehört hätte; 11) diejenigen, welche die Gerichtsbarkeit, Güter oder Renten geistlicher Personen sich aneignen oder sequestriren; 12) diejenigen, welche die Städte, Ländereien, Ortschaften oder Rechte, die der römischen Kirche angehören, vergewaltigen, zerstören oder für sich behalten.

und aller Gnaden der „Kirche", also des ganzen Christenthums und des ewigen Heiles verlustig zu gehen. Sicherheit gegen diese beständig drohende Excommunication kann nur gänzliche Unbildung, Abschaffung aller Schulen und Versinken des Volkes in Roheit und Stumpfsinn gewähren. Die amerikanischen, australischen und afrikanischen „gläubigen" Wilden sind am gesichertsten gegen die Gefahr der von allen Seiten die Menschen bedrohenden Excommunication! Man könnte diese ganze römische Procedur gewähren lassen und mit Sicherheit erwarten, daß sie bald an ihrer Absurdität zu Grunde gehen müsse, wenn sich nicht so große praktische Folgen damit verbänden. Diese gehäuften Excommunicationen sind nämlich ein sehr bequemes Mittel der Römischen Curie, das gesammte kirchliche Vermögen und alle kirchlichen Stellen zur unbedingten Verfügung zu erhalten und zur Erhöhung ihrer Macht und ihres Einflusses zu verwenden. Wenn nun die excommunicirte Gemeinschaft der gebildeten, denkenden Katholiken verzichten kann und will auf die geistigen Gnadenmittel der excommunicirenden ultramontanen Kirche (welche ja schon längst die Excommunication nur noch im Dienste, zu Gunsten geistlicher Herrschaft misbraucht), so ist doch die Frage, ob es lange zu dulden sei, daß dieser die großen Güter der Kirche und die nicht selten noch so bedeutenden Einkommen der geistlichen Stellen, welche zu guten, vernünftigen Zwecken gegründet wurden und welche der Staat schützt, fortwährend unbedingt zu Gebote stehen, und gerade gegen diesen sie schützenden Staat, gegen Vernunft, Wissenschaft und Civilisation verwendet werden. Darüber dürfte in Bälde ein ernstes Wort zu reden sein.

München, im Januar 1870.

*Der Verfasser.*

# Aus dem Vorwort zur ersten Auflage.

.... Unser Standpunkt ist der der Opposition gegen dieses päpstliche Rundschreiben, aber der christlichen und katholischen Opposition, wenn auch die ultramontane Partei, wie es ihre Taktik ist, dies in Abrede stellen und über unkatholischen Geist, Pietätlosigkeit u. dgl. schreien wird. Der Standpunkt ist eben der christlich-katholische, nicht der ultramontan-katholische. Wir bestreiten die Encyclica nicht, weil sie katholisch, sondern weil sie vielmehr nichtkatholisch, ein Parteimanifest ist und den Katholicismus in Gefahr bringt, unter unsern politischen und wissenschaftlichen Verhältnissen zur Sekte herabzusinken und der Parteibornirtheit zu verfallen. So gut nämlich in früherer Zeit Parteien sich des Papstthums bemächtigen konnten, sobaß sogar zwei und drei Päpste zu gleicher Zeit als Parteihäupter in der Kirche waren, so gut ist es leider auch jetzt noch möglich, wenn auch der liberale Katholicismus dem Ultramontanismus gegenüber sich keinen Papst wählt —, und wohl daran thut, um nicht das Christenthum noch mehr zur Parteisache zu verkleinlichen. Wir setzen keinen Augenblick die Achtung vor dem gegenwärtigen Träger der päpstlichen Würde aus den Augen, allein wir können uns jenen nicht beigesellen, die aus Rücksicht auf Personen, aus sogenannter Pietät oder aus höfischem und wohldienerischem Sinn Christenthum, Wahrheit und Glauben ebenso wie Staat, Wissenschaft und Menschheit nur noch wie untergeordnete Dinge betrachten, die gleichsam nur da sind um des Papstes willen, und also vor allem dessen Interessen sich anbequemen müssen. Man schraubt das Papstthum über Erde und Himmel empor, um es, wie man meint, zu erheben und ihm alles zu unterwerfen, und sieht nicht, daß man es damit nur mehr und mehr aus der Menschheit entwurzelt und für die Geschichte derselben unbrauchbar macht. Wir sind überzeugt, eine ordentliche, ehrliche Opposition in der katholischen

Kirche wird dieser und selbst dem Papstthum förderlicher sein, als jene Wohldienerei und die überkluge Diplomatik in seinem Dienste, die das Christenthum und die Kirche nur herabwürdigt.....

In dieser Angelegenheit zu reden hat jedermann das Recht, welcher Kenntniß derselben und guten Willen hat, es bedarf nicht erst einer Erlaubniß oder eines Auftrags dazu. Es handelt sich um das Christenthum, das ein allgemeines Gut der Menschheit ist, das jedermann gehört, auf welches jedermann ein Recht und gegen das er auch Pflichten hat; daher er auch dasselbe gegen Verunstaltung und Misbrauch zu schützen, zu wahren hat, wenn es ihm bedroht erscheint. Es wird, hoffe ich, selbst auch für die katholische Welt endlich noch die Zeit kommen, wo man nicht mehr zugeben wird, daß das Christenthum gleichsam als ein Privateigenthum der Römischen Curie, des Papstes und der ultramontan=jesuitischen Partei betrachtet und behandelt werde, so= daß etwa die Welt desselben nur unter beliebigen Bedingungen und Verordnungen von Rom aus theilhaftig werden könnte.....

Gewiß ist, daß, je mehr Wissenschaft und Bildung fort= schreiten und allgemeiner werden und je mehr durch die Staaten alle Rechte der Menschen ihre Geltung und Sicherung erlangen und die äußerliche Wohlordnung des Lebens hergestellt und be= wahrt wird, um so mehr auch das äußerliche Wesen der Kirche entbehrlich erscheint und die Religion in dem Maße innerlicher und christlicher werden kann. Man wird wohlerworbene Rechte des Kirchenregiments dagegen geltend machen, allein es ist zu bedenken, daß die Mittel nicht wichtiger sind als der Zweck, und ihre Bedeutung und Berechtigung verlieren, wenn sie der Errei= chung des Zwecks mehr hinderlich als förderlich werden, wie ja auch die Mosaischen Bestimmungen äußerlicher Gesetzlichkeit auf= zuhören hatten, als ihr Zweck erfüllt war und sie der Verinner= lichung und Reinigung der Religion mehr hinderlich als förderlich sich erwiesen.

Im März 1865.

Die päpstliche Encyclica vom 8. Dec. 1864 nebst dem Verzeichniß von achtzig als Irrthümer verdammten Sätzen konnte nicht verfehlen, mächtiges Aufsehen in der ganzen christlichen Welt zu erregen. Es mußte Ueberraschung und Erstaunen, und bei ernster Gesinnten Betroffenheit und Entrüstung erregen, daß in unsern Tagen das Oberhaupt der katholischen Kirche es für zeitgemäß, für zulässig oder gar geboten erachtet, aufzufordern, daß, um das Ganze kurz zu sagen, die Fürsten ihre Souveränetätsrechte der Hauptsache nach zu Gunsten der päpstlichen Allgewalt cediren und dieser die oberste Leitung in jeder Beziehung überlassen, und hinwiederum dann in Verbindung mit ebendieser den Völkern deren wichtigste Rechte und Freiheiten wieder nehmen sollten. Rechte und Freiheiten, die durch so viel geistige Anstrengung, durch so viel Kämpfe, Opfer, Leiden und Blut allmählich errungen worden sind! Wer indeß seit einer Reihe von Jahren die Dinge und Verhältnisse in Rom beachtet und insbesondere dem Streben und Treiben der Jesuiten einige Aufmerksamkeit gewidmet hat, dem konnte das nicht überraschend kommen, der sah vielmehr voraus, daß es bei der herrschenden Richtung so kommen werde, daß all diese Verurtheilungen erfolgen, all diese Ansprüche erhoben würden. Nur daß dies so bald geschehen würde, so plötzlich und überstürzend, ließ sich nicht wohl denken; daran indeß ist der Drang der Verhältnisse schuld, die zu einer Uebereilung hinrissen.

Bekanntlich war Pius IX. am Beginn seiner Regierung von etwas liberaler Richtung und wurde um dessentwillen in Rom und ganz Italien hoch gefeiert. Den Jesuiten war er nicht besonders günstig und opferte sie den drängenden Forderungen und dem Hasse des Volks in der beginnenden Revolutionszeit wenigstens insoweit, daß sie Rom verlassen, ihr „Al Jesu" räumen mußten. Bald indeß ergriff auch Pius IX. selbst die Flucht vor der andringenden Revolution und suchte Zuflucht in Gaeta. Und nun begann die rechte Zeit für die Jesuiten. Die anfänglichen liberalen Anordnungen Pius' IX. scheinen mehr aus Regungen natürlicher Güte als aus festen Grundsätzen und Ueberzeugungen hervorgegangen zu sein, sonst würde er auch nach dem Exil an ihnen festgehalten haben, denn was er als seine Pflicht und als Recht des Volks erkannte, das mußte ihm auch nach der Revolution, trotz der schlimmen Erfahrung, noch als Pflicht und Recht und deren Erfüllung und Gewährung als seine, wenn auch schwere und schmerzliche Mission erscheinen. So war es aber nicht; die Jesuiten wußten sich mehr und mehr zu insinuiren und sich für ihre Grundsätze Gehör und Zustimmung zu verschaffen. Es begann zunächst für die römischen Staaten die engherzigste Reaction, um von da aus mehr und mehr, zuerst wenigstens auf kirchlichem Gebiete verbreitet zu werden. Es ward die Zeitschrift „Civiltà cattolica" als Organ des Jesuitenordens gegründet und fand durch die großen materiellen und moralischen Mittel, welche der Gesellschaft zu Gebote stehen, bald weite Verbreitung in allen Ländern. In dieser Zeitschrift wurde es sogleich laut genug verkündet, daß es nun einen Kampf auf Leben und Tod mit der ganzen modernen Civilisation gelte, daß sie, wie die Jesuiten ausdrücklich zu bemerken nicht versäumten, „in Verbindung mit dem Vatican", d. h. indem sie allenthalben die päpstliche Autorität möglichst sehr auszunützen suchten, theils als Angriffswaffe sie gebrauchend, theils als Schild, um sich zu decken, — daß sie vor allem die Philosophie, wie sie sich seit Cartesius gestaltete, vernichten und an deren Stelle die scholastische, unter der Botmäßigkeit der Theologie stehende philosophische Magd setzen wollten. Denn von der Philosophie, das bedachten sie wohl, gehe die Grundrichtung aller übrigen Wissenschaften und der ganzen Literatur und Bildung aus, sie müsse also vor allem der

Gegenstand der Befeindung und kirchlichen Maßregelung sein. Daraus erklärt sich, warum, wie Flir in seinen Briefen aus Rom berichtet, Pius IX. gerade gegen die moderne, b. h. gegen alle nichtscholastische Philosopie mehr und mehr erbittert sich zeigte und zuletzt nur noch mit Indignation von derselben sprach. Dem entsprechend wurden dann auch namentlich die katholischen Philosophen und deren Werke von der Index=Congregation behandelt. Die Jesuiten wußten um so mehr den Papst ganz für sich zu gewinnen und dauernd, sozusagen an sich zu fesseln, als sie bald dessen Lieblingsidee erkannten, nährten und benutzten. Was Pius IX. im Gemüthe bewegte, das machten die Jesuiten Perrone und Passaglia zum Gegenstand gelehrter Beweisführungen in großen Bänden, die freilich mehr äußerliches als innerliches wissenschaftliches Gewicht haben — und so entstand alsbald das neue Dogma von der Immaculata Conceptio, dessen Jahresfest das letzte mal eben durch die Geburt der Encyclica gefeiert ward.

In dieser kam also nur das zum Vorschein, was seit lange vorbereitet und beabsichtigt ward, wenn auch einige Uebereilung sich nicht verkennen läßt, die, wie gesagt, durch die Verhältnisse veranlaßt ward. Trotz der im allgemeinen äußerst ungünstigen Aufnahme derselben, hofft man sicher in Rom zunächst dennoch zwei Hauptzwecke, die sie anstrebt, zu erreichen. Fürs erste nämlich den, überall die Bildung einer liberalen katholischen Richtung in Wissenschaft und Politik zu verhindern, und wo sie schon besteht, sie wieder zu zerstören, da diese dem Jesuitismus am meisten Gefahr bringt; zweitens: Napoleon III. einzuschüchtern und für seine Dynastie besorgt zu machen*), damit er sich ferner bereit finden lasse, dem Papste seinen militärischen Schutz in Rom zu gewähren, ohne welchen nun einmal Rom und der Rest des Kirchenstaats für denselben verloren sind. Mit der Durchführung

---

*) Die päpstliche Neujahrsrede an die französische Vertretung in Rom sagt unverhüllt, daß Napoleon's Dynastie nur dann Aussicht auf Dauer habe, wenn der Kaiser sich gegen den Papst fügsam erweise. Den bourbonischen Dynastien hat freilich auch dies nicht geholfen!

des übrigen und einzelnen hat es keine Eile, man sucht im Gegentheil das Anstößigste und Schroffste zu mildern und umzudeuten, die öffentliche Entrüstung zu beschwichtigen, die Beunruhigung als unbegründet hinzustellen. Und in Rom läßt man sich diese Abschwächungen vorläufig gefallen, um der Nützlichkeit willen, wenn man auch keineswegs damit einverstanden ist und sie gelegentlich sicher zurückweist. Es ist ein fast komisches Schauspiel, wie die ultramontanen Blätter (wenige ausgenommen, die ganz starr und — dürfen wir fast sagen, ehrlich, an der Encyclica festhalten) je ihre eigenen Ansichten in das päpstliche Schreiben und das Irrthümerverzeichniß hineindeuten.*) Ganz merkwürdig ist es, was man sich auf dieser Seite nach der ersten Verlegenheit ausgedacht hat, um die Encyclica mit den modernen Verhältnissen einigermaßen in vorläufigen Einklang zu bringen. Die Encyclica, sagt man, will nicht plötzlich alles ändern, sie fordert nicht gewaltsame Umgestaltung, will nicht plötzlich ausgeführt sein, sondern sie zeigt den Katholiken nur das Ideal, nach dem sie streben müssen, sie will ihnen nur zeigen, daß sie nicht in normalem Zustand leben und nicht einer falschen Beruhigung sich hingeben dürfen, zufrieden mit den modernen Zuständen, sondern daß sie nach Aenderung zu streben haben und nach Realisirung des Ideals, wie es im päpstlichen Erlasse gezeichnet ist. Die Katholiken können also den Andersgläubigen getrost zurufen: „Beunruhiget euch nicht wegen des confessionellen Friedens, wir wollen euch die Gleichberechtigung nicht sogleich nehmen, sondern erst — wenn wir können; der Papst gestattet uns, aus Noth zu ertragen, was wir nicht zu ändern vermögen, — bis es uns

---

*) Die „Historisch-Politischen Blätter" finden z. B. accurat den Liberalismus in der Encyclica verdammt, den sie selbst bisher bekämpft haben, nicht aber auch gewisse Freiheiten (wahrscheinlich die alten Privilegien), die sie selbst für nothwendig und zulässig erachten. Würden auch diese verdammt, dann — versichert Hr. J. — müßte er seine Feder zerbrechen und schweigen. Also doch nicht sich unterwerfen, sondern störrig sein! Wenn der Papst das Unglück hätte, mit seinem Vertheidiger nicht ganz gleicher Ansicht zu sein, so könnte er auf dessen Beistand nicht mehr rechnen!

möglich ist. Und stellt euch nur nicht vor, als ob nun gleich religiöse Verfolgungen, Inquisitionsproceduren, Einkerkerungen und Verbrennungen erfolgen würden, o nein, das alles ist nur ein Ideal, dem wir allerdings nachstreben sollen, von dem wir aber leider noch sehr weit entfernt sind. Wo die Verhältnisse das alles nicht gestatten, da braucht es auch nicht zu geschehen, da ist ein Nothstand, den das encyclische Schreiben des Papstes gewiß als Entschuldigungsgrund gelten läßt. Ja so wenig verbindet uns die Verdammung der modernen Rechte und Freiheiten, sie ohne weiteres zu verabscheuen und zu vernichten, daß wir selbst sogar ihnen keineswegs entsagen, vielmehr gerade sie noch sehr nothwendig brauchen, theils um selbst zu bestehen, da wo die Verhältnisse ungünstig sind, wie in England, theils um sie zu benutzen zu ihrer allmählichen Zerstörung und zur Durchführung der päpstlichen Encyclica, wie in Belgien. Also da wo und solange uns diese «verdammten Irrthümer» nothwendig sind zum Bestehen und Wirken, oder wo sie uns nützlich und förderlich sind zur Erreichung unserer Zwecke, insbesondere zur allmählichen Realisirung der päpstlichen Intentionen selbst, da wollen wir sie bestehen lassen, ja nehmen sie selbst, verdammte Irrthümer wie sie sind, für uns als Recht in Anspruch und suchen sie bestens auszunützen. Seid also nur ganz unbesorgt. Betrachtet z. B. die Freiheit der Presse, sie ist in der Encyclica als Irrthum verdammt, aber wir sprechen sie doch gerade für die Encyclica an und für deren Anpreisung und Vertheidigung. Und wir brauchen dieselbe sogar noch ziemlich lange Zeit, für uns wenigstens, um das Volk im Sinne der Encyclica zu bearbeiten, gegen die modernen Staatseinrichtungen aufzuhetzen und es gegen die modernen Ideen mit Vorurtheilen zu erfüllen. Macht euch also keine Unruhe und Sorge, als ob durch dieses päpstliche Rundschreiben plötzlich alles umgestürzt und geändert werden sollte." — Das ist der wirkliche wesentliche Sinn der Beruhigungs- und Rechtfertigungsartikel, welche die kirchlichen Blätter zum besten geben, um die Besorgnisse um die modernen Errungenschaften zu heben und die Aufregung zu beschwichtigen. Und so absonderlich und leicht nach ihrer wahren Bedeutung erkennbar sie sind, so scheinen sie doch nicht ganz ohne beruhigende Wirkung auf unser liberales Philisterium zu bleiben. Dieses fand sich wirklich zuerst einigermaßen aufgeschreckt aus seiner Ruhe und Sicherheit, da es aber so schöne Versicherungen hört, es solle ihm nichts widerfahren und namentlich seine eigene Ruhe nicht gestört werden durch die Encyclica, so scheint es nun wieder besänftigt und den Schlaf des Gerechten wieder fortzuschlafen auf dem Polster der Errungenschaften; jener Errungenschaften, die ehedem so viel Anstrengungen starker Geister und so viel Leiden gesinnungsvoller Menschen gekostet haben, ehe sie erreicht wurden. Einige Regierungen scheinen diese behagliche Sicherheit und Ruhe zu theilen.

Aber man täusche sich doch nicht und lasse sich nicht täuschen. Nichts ist dem Ultramontanismus für den Augenblick erwünschter, als wenn er die liberalen Regierungen beruhigen, in Sicherheit wiegen kann; er will gar nicht, daß man seine Grundsätze sogleich annehme und zur Geltung bringe von seiten der Regierungen — das wäre ihm theilweise vielleicht nicht einmal ganz erwünscht, es genügt ihm schon, wenn nur nichts gegen ihn, seine Grundsätze und deren Verbreitung geschieht, wenn man sich nur unthätig verhält und ihn im geheimen und öffentlich das Volk in seinem Sinne bearbeiten läßt. Er wird nach und nach an das Ziel kommen, oder wenigstens dahin, daß er bei günstiger Gelegenheit gewaltsam und gebieterisch wird auftreten können. Aufgegeben wird sicher keiner von allen Ansprüchen, die in Rom gemacht werden, wirklich anerkannt wird nichts von allen Einrichtungen, Rechten und Freiheiten, die als Irrthümer verdammt wurden. *)

---

*) Wenn von Zeit zu Zeit verlautet, es würden mildernde Erklärungen der Encyclica von Rom ausgehen, so können das nur die im Ernste glauben, die das jesuitisch-römische System nicht kennen. Vollends abgeschmackt ist, wenn hier und da behauptet wird, die Encyclica habe nur theologische oder „dogmatische" Bedeutung. Abgesehen davon, daß fast die ganze Encyclica sich mit den modernen Staatseinrichtungen befaßt und an ihnen rüttelt, und auch viele Sätze des Syllabus sich hierauf beziehen, nicht auf die eigentliche

Das Ziel ist nun vorgezeichnet, das Losungswort ist gegeben für Bischöfe und Klerus, die nur noch dem Ultramontanismus huldigen und einzig in diesem Sinne in ihrem Amte wirken dürfen. Es wird alsbald ein zuerst nur sachte geführter, mehr verborgener Krieg beginnen gegen alle modernen Ideen, Rechte, Freiheiten und Staatseinrichtungen, der nach und nach immer schärfer und erbitterter werden, und wenn er nicht eine entschiedene Gegenwirkung erfährt, jedenfalls im ungebildeten Volke bedenkliche, unter Umständen unheilvolle Folgen hervorbringen wird. Manche Regierungen glauben deshalb unbesorgt sein zu dürfen, weil sie ja die Gewalt in den Händen haben und jeden Augenblick im Stande seien, Uebergriffe der ultramontanen Partei zurückzuweisen. Allein es ist zu bedenken, daß äußerliche Gewalt nur für den Augenblick hilft und nur äußerlich siegreich ist, für die Dauer aber der geistigen Gewalt und Agitation nicht zu widerstehen vermag; denn diese wächst im Kampfe mit jener eher als sie abnimmt und hat dabei zugleich die Glorie des Märtyrthums für sich. Jede wirklich liberale Regierung muß daher darauf bedacht sein, geistige Gewalt der geistigen, klerikalen Macht gegenüberzustellen, statt sich auf äußerliche Gewalt zu verlassen. Manche Vertreter der modernen Ideen, Rechte und Staatseinrichtungen wollen nicht gern activ und energisch den ultramontanen Ansprüchen entgegentreten, weil es ihnen lästig, widerwärtig ist, oder weil sie eine Scheu haben, mit dieser Macht anzuknüpfen, und sie wollen sich lieber auf die Macht der Trägheit, der Gleichgültigkeit verlassen, durch welche sich die moderne Civilisation der klerikalen Bekämpfung gegenüber schon schützen werde. Allein dies hat wieder nur für kurze Zeit seine Richtigkeit, allmählich wird stets die thätige Macht

---

Glaubens- und Sittenlehre, — abgesehen sag' ich hiervon, kann es von kirchlichem Standpunkte aus gar nicht als Abschwächung oder Milderung angesehen werden, wenn der Encyclica „theologische" oder „dogmatische" Bedeutung zugeschrieben wird, denn gerade in diesem Falle würde sie noch weit unbedingter und unvermeidlicher auf endliche Durchsetzung und Geltung beim katholischen Volke Anspruch machen.

gegen die unthätige, wenn diese auch zuerst viel größer ist, den Sieg davontragen. Und wenn dies, wie wir allerdings mit Sicherheit hoffen, schließlich und endgültig doch nicht der Fall sein kann und wird, so wäre es doch fürwahr schlimm, wenn etwa liberale Regierungen, um der augenblicklichen Unbequemlichkeit eines ernsten Conflicts mit geistlicher Gewalt zu entgehen, es unterließen, sich mit dieser entschieden und gründlich auseinanderzusetzen, sondern zwar auf ihrem Standpunkt beharrend ihre Grundsätze im Volke geltend machten, zugleich aber durchaus gestatteten, daß von der Gegenpartei die entgegengesetzten Grundsätze ebenso zur Geltung gebracht würden, und zwar im Namen Gottes, nicht blos in dem des Staats oder Königs — wobei es schließlich immer heißen wird: Man muß Gott mehr gehorchen als den Menschen. Und wie traurig wäre es, wenn, um einer peinlichen Sache und Schwierigkeit zu entgehen, man gestatten würde, daß nun in der Schule die armen Seelen der Kinder zum Schauplatz eines erbitterten Kampfes der entgegengesetzten Grundsätze der beiden Autoritäten, der weltlichen und geistlichen gemacht würden, indem die eine erlaubte oder vorschriebe, was die andere als verwerflich bezeichnete, die eine das einzupflanzen strebte, was die andere auszurotten bemüht wäre! Nur unselige Verwirrung und zuletzt gegenseitige Untergrabung der beiden Autoritäten könnte die Folge sein. Denn, wie bekannt, handelt es sich ja bei der Encyclica nicht blos um Glaubens- und Sittenlehren, sondern auch um politische und sociale Grundsätze, welche in Zukunft die Religionslehrer der Jugend und die Prediger dem Volke nach der Norm der Encyclica und des Syllabus zu verkünden und einzuprägen haben — auch gegen den Willen der Regierungen.

In den meisten Staaten, auch in solchen, wo verfassungsmäßig das Placet noch besteht, hat man die Encyclica mit dem Verzeichniß der sogenannten Irrthümer unbeanstandet von den Bischöfen amtlich publiciren lassen. Man scheint dabei von der Ansicht auszugehen, daß es einem liberalen Regiment gezieme, die modernen Rechte und Freiheiten allen zu gestatten, auch den Trägern der Kirchengewalt, selbst wenn diese sie nur zu dem

Zwecke in Anspruch nehmen, um gegen dieselben ihren Feldzug zu beginnen und womöglich sie zu vernichten. Was den Zeitungsredacteuren gestattet ist, sagt man, muß auch den Bischöfen gestattet sein — selbst wenn sie Mißbrauch treiben mit diesem Rechte. In der That haben gerade die klerikalen Blätter bei dieser Gelegenheit die Freiheit der Presse auf das stärkste betont und geltend zu machen gesucht, und man hat namentlich in Frankreich laute Klagen erhoben und sich (z. B. Dupanloup) in breiten Declamationen ergangen, daß die französische Regierung durch das Verbot der öffentlichen Bekanntmachung der Encyclica durch die Bischöfe diesen ein Recht entziehe, das sie jedem, auch dem kirchenfeindlichsten Redacteur gewähre. Auf den ersten Blick hat dies einigen Schein für sich und ist geeignet, das Urtheil der Menge für sich zu gewinnen; allein es ist doch nicht ganz ernst gemeint und liegt nur ein Parteimanöver zu Grunde. Das Recht, welches die Redacteure der Zeitblätter überhaupt haben, das haben auch die katholischen und ultramontanen Redacteure und also auch die Bischöfe, denen diese Blätter unbedingt zur Verfügung stehen. Aber es handelt sich nicht blos um Publication der Encyclica und um Erklärungen und richtige Auslegungen derselben durch die Bischöfe oder die übrigen Kleriker, sondern um amtliche Publication derselben. Wenn für diese die ultramontane Partei die Freiheit der Presse geltend macht, so läuft hier einige trügerische Verwechselung mit unter; einerseits stellt man die Veröffentlichungen der Bischöfe auf Eine Stufe mit denen der Zeitungsredacteure, um deren Recht in Anspruch zu nehmen, andererseits aber würde man es mit Entrüstung zurückweisen, wenn man jene mit diesen auf gleiche Stufe stellte und ihnen nicht mehr als die gleiche Bedeutung zuschriebe. Sie machen vielmehr den Anspruch, als amtliche Publicationen Gesetz für die Gläubigen zu sein, und geben den geistlichen Behörden ein Recht, gegen jene amtlich mit Strafen einzuschreiten, die sich nicht daran halten; — sind also insofern gänzlich von den gewöhnlichen Publicationen der Zeitblätter verschieden. Das ist wohl zu beachten, und wenn die Regierungen vom Placet Umgang nahmen und die amtliche Publication der Encyclica gestatteten, obwol sie Grundsätze geltend macht, die denen der liberalen Regierungen und den modernen Staatseinrichtungen entgegen sind, so konnte das nur unter der Bedingung geschehen, daß diese Publicationen nicht eigentlich als amtliche vor ihren Augen gelten, und daß alle kirchendisciplinären Schritte, die gegen Gläubige infolge dieser von kirchlichen Behörden geschehen, als nichtig, als nichtseiend betrachtet werden. Dies ist dann freilich da wiederum schwierig und nicht ganz consequent, wo Kirche und Staat noch nicht vollständig getrennt sind, und doch der Staat der Kirche gar nichts einreden und auch gegen sie vollständig liberal sein will. Daher schon hieraus erhellt, daß der Staat gegen die illiberale Kirche entweder nicht liberal sein darf, solange er mit ihr in bestimmtem Verband bleibt, oder aber vollkommen seine liberalen Grundsätze auch ihr gegenüber gelten läßt, aber dafür auch jeden Verband mit ihr lösen muß. Widrigenfalls kommt derselbe beständig in die Lage irgendwie sich selbst untreu sein zu müssen, indem er entweder allenthalben liberale Grundsätze geltend macht und gelten läßt, nur gegen die Kirche nicht, oder zu Gunsten dieser mit seiner Macht gegen seine eigenen Bürger unliberal sein muß, um seine Verpflichtungen gegen die Kirchengewalt zu erfüllen. Dadurch also, daß die Regierungen den Bischöfen gestatteten, die Encyclica amtlich zu publiciren, ohne sie indeß selbst anzuerkennen, ist die Schwierigkeit noch keineswegs gehoben oder umgangen, sondern sie beginnt, sobald beiderseits Ernst gemacht wird. Und Ernst zu machen mit dem Inhalt der Encyclica, dazu haben die Bischöfe mit der amtlichen Publication jedenfalls ein Recht erlangt. Sie sind berechtigt, deren Grundsätze allenthalben in den Schulen geltend zu machen wie auf der Kanzel, und sie allenthalben trotz der entgegengesetzten Grundsätze des Staats und der Civilisation ins Volksbewußtsein einzuführen. Sie sind berechtigt, insbesondere den Klerus nach diesen Grundsätzen bilden zu lassen und die theologischen Professoren, ihre gehorsamen Diener, zu beauftragen und zu zwingen, diese Grundsätze allenthalben zu vertheidigen und die entgegengesetzten zu bestreiten. Dadurch wird allmählich mindestens eine heillose Begriffsverwirrung im Volke entstehen, beide Autoritäten, Kirche und Staat, werden sich in diesem Kriege gegenseitig schwächen und discreditiren, das geistige Leben des Volks selbst muß ein ungesundes, verworrenes und zuletzt innerlich haltloses werden.

Um dies zu vermeiden, scheint es uns nothwendig, daß die bestehenden Gewalten selber sich bestimmt auseinandersetzen, die Sache ins Klare bringen, und daß endlich fest bestimmt werde, welche Grundsätze zu gelten haben — da doch, wenn die Autoritäten selbst in Verlegenheit sind in Betreff einer Vereinbarung oder Ausgleichung, vom Volke noch weniger erwartet werden kann, daß es diese alsbald und richtig finden werde. Es liegt daher, scheint uns, den Regierungen und Kammern ob, öffentlich und ausdrücklich zu erklären, daß alle jene Grundsätze der Encyclica, die in Widerspruch mit der Staatsordnung und der gesunden Geistesbildung stehen, keine Geltung haben sollen, und es sind die Bischöfe aufzufordern, sich zu entscheiden und zu erklären, in welchem Verhältniß zu den Rechten der Krone und des Volks sie sich stellen, ob sie dem Papste unbedingten Gehorsam leisten und dadurch nothwendig mit ihren staatsbürgerlichen Pflichten in Conflict kommen wollen, oder ob sie um diesen zu genügen, das denselben Widersprechende in der Encyclica unbeachtet zu lassen und insofern dem Papste Gehorsam zu versagen bereit seien. Denn trotz aller Deuteleien können sie aus dieser Alternative nicht herauskommen, und mit Zweideutigkeiten sich zu helfen ist ebenso des Staats wie der Kirche unwürdig und muß den nachtheiligsten Einfluß üben auf das religiöse wie sittliche und staatsbürgerliche Pflichtgefühl des Volks.

Aus alledem mag hervorgehen, wie es dringend nothwendig sei, daß man sich die Bedeutung und Tragweite des Inhalts der Encyclica und des Syllabus klar mache und danach das Verhältniß des Staats und der modernen Gesellschaft zu diesen Anforderungen der Hierarchie klar und fest bestimme. Einen Beitrag hierzu wollen die folgenden Erörterungen liefern, in welchen zuerst die Encyclica selbst, dann der Syllabus der als Irrthümer verdammten Sätze und der achtzigste Satz noch insbesondere betrachtet und beleuchtet werden soll.

## I.
## Die Encyclica.

Die Encyclica selbst hat es ihrem wesentlichen Inhalte nach damit zu thun, die unbedingte Macht der Kirche, resp. des Papstes über den Staat zu verkünden, dessen durchgängige Unterordnung unter die kirchliche Gewalt zu fordern und alle gegentheiligen Grundsätze zu verwerfen. Daß dies der wahre Sinn dieses päpstlichen Rundschreibens sei, gibt sich zwar bei der vorherrschend negativen Fassung und Ausdrucksweise desselben nicht so unmittelbar und nicht auffallend kund, zeigt sich aber sogleich in voller Schärfe und Bestimmtheit, wenn man die überall zu Grunde liegenden positiven Forderungen des Papstes aufsucht und hervorhebt. Dieser positive Inhalt des Schreibens ist kurz gefaßt folgender: Der Staat muß eine bestimmte Religion als herrschende anerkennen und auf sich Einfluß gestatten, und zwar muß dies die katholische sein, welcher daher die Gewalt des Staats zu Diensten stehen muß, um alle, die sich den kirchlichen (päpstlichen) Anforderungen nicht fügen wollen, mit Gewalt dazu zu zwingen oder zu bestrafen. Ja die Fürsten haben ihre Macht vor allem und hauptsächlich dazu, daß sie die Kirche schützen, d. h. die Anordnungen des Papstes ausführen und jeden Widerstand dagegen gewaltsam brechen. Denn Freiheit des Gewissens und des Cultus ist ein Wahnsinn, und sie fordern und sie gewähren heißt nur Freiheit des Verderbens fordern und gewähren. Nicht der Volkswille ferner, sondern die Religion und göttliche Offenbarung, resp. die päpstliche Autorität kann und muß die wahre Grundlage der Staatsordnung sein — sonst versinkt Staat und Gesellschaft in bloßen Materialismus. Die Kirche ist über den Staat erhaben und dieser hat keine Befugniß, der Kirche (d. h. dem Papste) in ihren Anordnungen etwas einzureden. Darum hat der Staat keine Gewalt über die religiösen Genossenschaften und Orden, und hat über sie nichts zu bestimmen. Ebenso muß unbedingt vom Staate gestattet werden, was sonst kirchlich für christliche Zwecke angeordnet wird, z. B. Geldsammlungen für die Kirche und christliche Liebesgaben. Ferner gehört die Familie und Kindererziehung der Kirche, nicht dem Staate. Der Papst (Kirche) kann seinerseits in einem Staate anordnen und vorschreiben, was er will, ohne daß er Erlaubniß oder der Genehmigung der Staatsgewalt bedarf. Alle seine Verordnungen müssen frei, unabhängig von derselben publicirt werden dürfen und verpflichten alle katholischen Unterthanen im Gewissen, und zwar mehr als die Staatsgesetze, da sie von der unmittelbar göttlich gesetzten Autorität, von der von Christus dem Papste selbst göttlich gegebenen Vollmacht stammen. Und nicht blos auf die Glaubens- und Sittenlehren erstreckt sich die dem Papste von Christus übertragene Gewalt, sondern auch auf solches, was nicht zur Glaubens- und Sittenlehre gehört, und auch hierin sind die Unterthanen der Staaten dem Papste Beipflichtung und Gehorsam schuldig. Daher kann die Kirche insbesondere auch in Bezug auf die irdischen Güter der Gläubigen Anordnungen treffen, die im Gewissen verpflichten, und ist die kirchlichen Rechte und Besitzungen mit der Strafe der Excommunication zu schützen befugt.— Das ist ins Positive umgesetzt der wesentliche Inhalt der päpstlichen Encyclica. Man sieht, daß in dieser Fassung das Actenstück ganz jenen gleicht, die von den anspruchsvollsten Päpsten des Mittelalters ausgingen, und daß in der That kaum eine mittelalterliche Forderung ganz vergessen ist, wenn auch manche noch ziemlich versteckt oder verblümt auftritt. — Wir wollen nun das einzelne selbst näher betrachten und zwar in der negativen Fassung und in den verdammenden Wendungen, in denen sich das päpstliche Schreiben selbst bewegt, indem wir dabei zugleich aus dem Syllabus jene Sätze beiziehen, die einen der Encyclica gleichen oder verwandten Inhalt haben und daher zur nähern Erläuterung dienen können.

Zuerst nun erklärt sich der Papst gegen ein Princip der bürgerlichen Gesellschaft, das er als das des Naturalismus bezeichnet und ein gottloses und absurdes nennt, und welches dahin lautet: „Die beste Einrichtungsweise der öffentlichen Gesellschaft und der bürgerliche Fortschritt erfordern durchaus, daß die menschliche Gesellschaft constituirt und regiert werde ohne irgendeine Rücksicht auf Religion zu nehmen, gleich als ob sie gar nicht existirte, oder wenigstens ohne irgendeinen Unterschied zwischen der wahren und den falschen Religionen zu machen." Es wird also hier, wie man sieht, ein heftiger Tadel gegen die modernen Staatsmänner und Staaten ausgesprochen, welche bei der Staatsbildung und -Regierung von bestimmten religiösen Lehren und Vorschriften absehen, um verschiedenen religiösen Bekenntnissen Raum geben und gerecht werden zu können. Der Papst will, daß der Staatseinrichtung eine bestimmte Religion und zwar die wahre, nämlich die katholische zu Grunde gelegt und als Norm bei der Regierung geltend gemacht werde. Allein abgesehen von allem andern, kann denn der Staat diese Forderung erfüllen, ist er nicht vielmehr ganz unfähig dazu, und zwar gerade nach den Grundsätzen der katholischen Hierarchie selbst? Spricht man doch immer, namentlich in dieser Encyclica selbst, dem Staate alle Fähigkeit und darum alles Recht ab, in religiösen und kirchlichen Dingen zu urtheilen und Bestimmungen zu treffen, wie kann man denn doch ihm wieder zumuthen, daß er sich mit den religiösen Angelegenheiten befasse? Und vollends, wie soll derselbe im Stande sein, gerade die wahre Religion anzuerkennen und geltend zu machen, wenn er doch, wie man kirchlicherseits so bestimmt versichert, in Sachen der Religion gar nichts versteht, gar kein Urtheil und keine Berechtigung zum Urheilen hat? Bei solcher Sachlage sollte man ja billigerweise den Staat darüber beloben, wenn er sich in das nicht einmischt, wovon er nichts versteht, und die Forderung, er solle die wahre Religion anerkennen, die andern aber nicht, oder einen Unterschied zwischen beiden machen, da er doch andererseits gar kein Verständniß davon haben soll — diese Forderung ist doch wahrhaftig unbillig, ja geradezu sinnlos. Indeß, es ist mir allerdings nicht verborgen, wie man es meint. Wenn es auch seine Richtigkeit damit hat, daß der Staat kein Verständniß und keine Befugniß in Sachen der Religion besitzt, so ist ja die Kirche, so ist ja das Oberhaupt der Kirche da, dem er sich in dieser Sache als Autorität anzuschließen und unterzuordnen hat, dem er sich, meint man, wie der Blinde seinem Führer anzuvertrauen hat, und hierin blindlings folgen soll, — wobei er dann weiter gar kein Urtheil braucht. Allein umsonst, auch damit ist die Schwierigkeit nicht gehoben. Sehen wir auch von der wenig beneidenswerthen Rolle ab, die dabei der Staat zu spielen hätte, so kann er ja, wenn er in religiösen Dingen selbst kein Verständniß und keine Befugniß hat, doch wiederum ebenso wenig im Stande sein, die wahre christliche Autorität richtig zu erkennen und, von der falschen sie unterscheidend, sich ihr anzuvertrauen. Denn die wahre religiöse Autorität zu erkennen ist selbst für Urtheilsfähige so schwer und unter Umständen selbst schwieriger, als die wahre Religion zu erkennen. Wie soll da also der in dieser Sache für urtheilslos erklärte Staat diese wahre Autorität erkennen, resp. den Papst als solche wahrnehmen und anerkennen? Wie man also die Sache auch wenden möge, immer zeigt sich, daß etwas Unmögliches und darum Unbilliges vom Staate gefordert und daß er getadelt wird, weil er das nicht thut, wozu man ihm andererseits jede Befähigung und Berechtigung abspricht. Und es scheint uns darum, daß der Vorwurf der Absurdität, der hier gegen die modernen Staatsmänner geschleudert wird, unter diesen Umständen auf die päpstliche Encyclica selbst zurückfällt.

Von welcher Art aber nach dem Willen des Papstes die Rücksicht sein soll, welche der Staat der Religion und zwar einzig der katholischen zu gewähren habe, geht aus dem hervor, was in der Encyclica auf das Obige folgt. Es wird nämlich der Grundsatz, daß „die beste Staatseinrichtung diejenige sei, in welcher der Staatsgewalt keine Obliegenheit zuertheilt wird, die Verletzer (violatores) der katholischen Religion mit gesetzlichen Strafen in Schranken zu halten, außer soweit es der öffentliche Friede erfordert", dieser Grundsatz wird als solcher bezeichnet, der der Heiligen Schrift, der Lehre der Kirche und der Väter widerspreche. Was hier als Forderung zu Grunde liegt, ist nicht weniger als das Recht der

Kirche, daß der Staat seine Gewalt der kirchlichen Autorität zu Diensten stelle (brachium saeculare), um die Andersgläubigen nicht blos mit geistlichen Strafen zu belegen, sondern mit äußerlichen, physischen Strafen zu verfolgen. Denn offenbar ist hier nur von Andersgläubigen die Rede, und unter Verletzung (violatores) ist nur die des Glaubens gemeint, nicht etwa ein gewaltsamer, äußerlicher Angriff auf die katholische Kirche, da ja dadurch zugleich der öffentliche Friede (pax publica) verletzt würde, um den es sich hier nicht handeln soll. Daß die Stelle so zu verstehen sei, geht auch aus dem Folgenden hervor, in welchem von der Freiheit des Gewissens und des Cultus die Rede ist, die mit dem Vorhergehenden in unmittelbaren Zusammenhang gebracht wird. Es ist also nicht anders, es wird hier das alte Recht der Ketzerverfolgung wieder in Anspruch genommen, und es wird der Staatsgewalt die Pflicht auferlegt, das Urtheil der Kirche gegen Andersgläubige auszuführen, also Schergendienste zu thun. Man sollte denken, unter allen Sterblichen der Erde müsse der Papst der letzte sein, der eine solche Forderung stellen oder erneuern möchte, durch deren Erfüllung in allen Ländern Europas der Religionshaß neu erwachen, allenthalben der Friede gestört, Feindseligkeit und Verfolgung beginnen müßte von seiten der Katholiken — und sicher dann seine volle Vergeltung fände von seiten der Protestanten. Man hat, um den schlimmen Eindruck der Encyclica abzuschwächen, behauptet, der Papst wolle ja durch dieselbe durchaus nicht den religiösen Frieden stören, wolle durchaus nicht die Völker und Menschen gegeneinanderhetzen und verfeinden. Allein wenn der Papst dies nicht will, warum stehen denn diese Worte da? Sie haben sonst keinen Sinn und werden in Rom sicher so verstanden, denn man rühmt sich dort, zu wissen, was man sage, und ist keineswegs bereit, das was man festgestellt, alsbald wieder zurückzunehmen. Wir glauben allerdings, daß in die natürlich milde Seele Pius' IX., als er diese Encyclica unterzeichnete, kein Gedanke kam an all die Leiden, welche über die Menschheit, insbesondere über die abendländischen Völker gebracht wurden durch die Verfolgungen um des Glaubens willen, an all die rohen

Leidenschaften, die dabei entfesselt, an die Grausamkeiten und Verbrechen, die dabei begangen wurden und das Christenthum geschändet haben. Allein wenn auch der Papst an all das nicht dachte und es nicht will, so ändert das an der Sache nichts, es würde alles wieder eintreten, sowie das Recht der Ketzerverfolgung der Kirche wieder zugestanden würde. Und jedenfalls die Rathgeber Pius' IX. wissen recht wohl, um was es sich da handelt, aber sie haben auch ihre Gründe dafür und glauben alles aufs beste rechtfertigen zu können. Es handelt sich da, werden sie sagen, um die Wahrheit, um die göttliche Offenbarung, um das höchste Gut der Menschheit, um die Ehre Gottes, und all das muß man gegen die Feinde auch physisch vertheidigen und dieselben für ihre großen Verbrechen strafen oder zur Anerkennung zwingen! Aber gewinnt denn die Wahrheit je durch Gewaltthaten und Verfolgungen? Kann man zu ihrer Anerkennung gleichsam mit Hunden hetzen? Muß sie nicht nothwendig verlieren, wenn zu ihren Gunsten das verübt wird, was sonst allenthalben als Lieblosigkeit, Unsittlichkeit und Verbrechen gilt? Die wahre, richtige Art und Weise, die christliche Wahrheit zur Anerkennung zu bringen und in Anerkennung zu erhalten, ist die christliche Liebe, die den Glauben lebendig und überzeugend macht. Ohne sie ist der Glaube werthlos und auch todt, daher er sich dann weder verbreiten noch erhalten kann. Will denn Rom den todten werthlosen Glauben vertreten oder ihn dadurch erhalten und verbreiten, daß es ihn mit Haß belebt und ihm das opfert, was ihm allein Werth verleiht, nämlich die Liebe? Doch das zeigt die ganze Geschichte, daß man stets nur zu sehr geneigt war, die Liebe dem Glauben zu opfern, den Zweck dem Mittel, obwol die Erfahrung fort und fort laut bezeugt, daß aus Unduldsamkeit, Verfolgungssucht und Befeindung um des Glaubens willen nie etwas Gutes, nie sittliche Erhebung und christliche Vervollkommnung, sondern stets das Gegentheil erfolgt, sittliche Verwilderung, Lieblosigkeit und selbst Verkümmerung und Entheiligung des Glaubens. Nur grausamer Schaden an Leib und Seele könnte den Völkern entstehen, wenn sie dem Willen des Papstes Folge leisten würden. Dieser alttestamentliche, um nicht zu sagen mohammedanische Standpunkt sollte doch endlich einmal überwunden sein!

Aber Pius IX. nennt es mit Gregor XVI. einen Wahnwitz (deliramentum), zu behaupten, daß Freiheit des Gewissens und des Cultus ein jedem Menschen zugehöriges Recht sei, das in jedem wohlgeordneten Staat proclamirt und gesichert werden solle, und daß den Bürgern das Recht zukomme auf vollständige durch keine kirchliche oder staatliche Obrigkeit zu beschränkende Freiheit, ihre Gedanken, welche es auch seien, durch Wort und Schrift oder auf andere Weise, vor aller Welt kundzugeben. Man muß wol in Rom eine hohe Meinung von eigener Weisheit haben und darunter etwas Absonderliches verstehen, wenn man ein Recht, das in allen vernünftigen Staatsverfassungen der civilisirten Welt anerkannt ist und das aus den Erwägungen der einsichtsvollsten Männer, wie aus dem dringenden Bedürfnisse der gesellschaftlichen Verhältnisse der Völker hervorgegangen ist, als einen Wahnwitz bezeichnen kann. Ein Recht, das hauptsächlich zur Bildung und Gesittung beigetragen hat, das den religiösen Frieden begründet, den wilden Haß und Fanatismus beseitigt und gegenseitige brüderliche Achtung ermöglicht hat. Ein Recht, das sich so unumgänglich nothwendig erweist, daß man es in Rom selbst nicht ganz umgehen kann und also wenigstens einigen Antheil an diesem „Wahnwitz" nimmt. Wie aber, wenn auch Andersgläubende so dächten und die Staatsverfassungen protestantischer Staaten, z. B. Englands, das Princip der Bekenntnißfreiheit als Wahnwitz bezeichnen und aufheben würden, würde sich da nicht an den Katholiken die Verwerfung eines Rechts und Grundsatzes bitter rächen, dem sie dort ihre Existenz und ihre staatsbürgerlichen Rechte verdanken? Und ist es geziemend und edel, der Welt laut zu verkünden, daß Millionen von Katholiken insbesondere in protestantischen Ländern ihre Existenz auf einen Wahnwitz gründen und davon bestens Gebrauch zu machen suchen? Nein, der Grundsatz der Gewissens- und Cultusfreiheit ist kein Wahnwitz, er ist die allein vernünftige Grundlage des wahren Glaubens, der reinen freien Ueberzeugung, während das Gegentheil beides unmöglich macht, wie die Aufhebung der moralischen Freiheit mit der Möglichkeit des Bösen zugleich die des Guten aufheben würde. Es ist vielmehr höchst traurig und demüthigend für die Menschheit und das Christenthum, daß die gesunde Vernunft und die christliche Liebe nicht schon seit Jahrhunderten und von Anfang an diesen Grundsatz der Glaubensfreiheit zur Geltung brachten, und daß es erst so vieler geistiger Anstrengung, so viel geistiger und physischer Kämpfe und so grausamer Kriege bedurfte, bis es endlich dahin kam, daß dem Anerkennung gewährt wurde, was die Vernunft und das christliche Grundprincip der Liebe von Anfang an forderte, und daß es leider auch da erst zögernd und theilweise geschah, so weit nämlich nur, als die rohe Gewalt der Waffen reichte, und nur darum, weil diese es erzwangen, — und nicht aus vernünftigen Gründen. Aber damit ist ja „Freiheit des Verderbens" gefordert und gewährt, behauptet das päpstliche Schreiben! Allein abgesehen von allem andern, hilft denn Gewalt und Zwang gegen Freiheit des Verderbens? Ist jemand schon vor dem Verderben gerettet, wenn er gezwungen wird gewisse Glaubenssätze äußerlich zu bekennen und gewisse religiöse Handlungen vorzunehmen? Jedermann weiß, daß man dabei eine ganz andere innere Ueberzeugung haben und festhalten kann, und daß mit äußerm Zwang weiter nichts erreicht wird, als daß zur abweichenden Ansicht oder Ueberzeugung nun auch noch die Heuchelei kommt und also das einfache Verderben zum doppelten gemacht wird. Wir wissen freilich wohl, worauf eigentlich die Sache hinausgeht: es soll eben nicht beim äußern Zwang bleiben, sondern es soll allmählich der äußere Zwang auch in innern verwandelt werden, durch Erziehung und Bildung von Jugend an, und damit jede Freiheit des Verderbens dem Menschen genommen werden. Unsers Erachtens ist aber diese Freiheit, d. h. diese erzielte **Unfähigkeit der freien Entscheidung** kein Vorzug, sondern ein Mangel, eine Unvollkommenheit, wenn nicht durch eigene geistige Thätigkeit, Bildung und Willensentscheidung das, was blos durch Erziehung angethan ist und ohne klares Bewußtsein und Wollen besessen wird, zu einer eigentlich freien Selbstthat erhoben wird, erhoben werden kann und darf. Ist dieses aber der Fall, dann wird doch wieder die Freiheit zur Geltung kommen müssen, und zwar auch die Freiheit, sich eine andere Ueberzeugung zu bilden, also die sogenannte Freiheit des Verderbens, denn ohne diese gibt es nun einmal für den Menschen keine freie That und kein wahrhaft sittliches Verhalten. Misfällt dem Papste dies und findet er es verwerflich, dann muß er eben mit dem Schöpfer selber rechten, der dem Menschen Verstand und Willen gab und damit die „Freiheit des Verderbens"; und das, was als „deliramentum" bezeichnet ist in der Encyclica, trifft dann nicht mehr blos die modernen Staatseinrichtungen — doch wir wollen nichts weiter sagen! Wahr ist, daß mit der Freiheit überhaupt, mit der der Rede und der Presse insbesondere viel Misbrauch getrieben werden kann und getrieben wird, ebenso wahr ist es aber auch, daß mit der Autorität — selbst mit der wahren, geschweige denn erst mit falschen — ebenso viel und weit tiefer eingreifender Misbrauch getrieben werden kann, getrieben wurde und wird; wobei nicht zu übersehen ist, daß die Freiheit auch wieder die Kraft und Mittel zur Heilung der Schäden mit sich bringt, nicht so aber die Bindung und Knechtschaft der Geister bei Misbrauch der Gewalt. Man könnte also ebenso gut jede Autorität (die ja auch von Menschen geübt wird) als „Macht des Verderbens" für unstatthaft erklären und beseitigen! Wie ernstlich es übrigens das päpstliche Schreiben mit dieser „Freiheit des Verderbens" nimmt, zeigt auch der Syllabus, dessen §. III ausdrücklich die Annahme und selbst die Hoffnung verbietet und verwirft, daß auch Andersgläubige das ewige Heil erlangen, sodaß also all die Tausende von Millionen Menschen, die nicht die christliche oder vielmehr katholische Religion bekannten und bekennen, nur für die Hölle da waren und sind. Selbst im Protestantismus, wird behauptet, könne man nicht in der gleichen Weise Gott gefallen wie in der katholischen Kirche. Ich denke, das Entscheidende dabei ist die Liebe Gottes und des Nächsten und jenes Bekenntniß ist das beste und sichert am meisten Gottes Wohlgefallen und das ewige Heil, das am sichersten jene Liebe erzielt, ohne welche kein Glaube zum wahren Heil führt.

Und jedenfalls kann das nicht das Entscheidende dabei sein, ob jemand all die Formeln im Gedächtniß hat, die er nicht versteht und die ihm bloße Worte sind, über deren richtiges Verständniß die Theologen selbst noch immer in fortwährenden Zänkereien begriffen sind. Im übrigen aber bleibt dem Menschen nichts anderes übrig, als seiner Ueberzeugung zu folgen, d. h. die Religion zu bekennen, die ihm nun einmal als die wahre erscheint. Wenn der Papst den Satz verdammt: „Es steht dem Menschen frei, jene Religion anzunehmen und zu bekennen, die er, geführt durch das Licht der Vernunft, für die wahre hält", so mögen doch die römischen Theologen uns sagen, was denn anderes geschehen soll? Soll er die Religion für die wahre halten und annehmen, die ihm nicht als die wahre erscheint? Und wenn er nicht seiner Vernunfteinsicht folgen darf bei der Wahl des Glaubens, wem denn sonst? Der Unvernunft, dem Ungefähr? Uns, werden die römischen Theologen sagen. Wohl, aber wie erkennt er denn euch, um euch lieber zu folgen als andern? Er muß doch wol wieder urtheilen und sich vom Lichte seiner Vernunft führen lassen. Der entgegengesetzte Satz also wäre vielmehr zu verwerfen, daß nämlich jemand eine andere Religion als wahre annehme und bekenne, als die, welche ihm als die wahre erscheint im Lichte seiner Vernunft, die das einzige Organ ist, womit den Menschen der Schöpfer ausgestattet hat, um für höhere, religiöse Wahrheit befähigt zu sein.

Im Folgenden wendet sich nun die Encyclica gegen das Recht des Volks, auch einen Willen zu haben und für die öffentliche Meinung Geltung zu beanspruchen. Sie findet darin eine Beiseitesetzung der gewissesten Principien der gesunden Vernunft und meint, daß dabei göttliches und menschliches Recht nicht mehr zur Geltung kommen könnten, sondern nur rohe Gewalt und vollendete Thatsachen. „Und weil da, heißt es, wo von der bürgerlichen Gesellschaft (Staat) die Religion fern gehalten und die Lehre und die Autorität der göttlichen Offenbarung verschmäht worden ist, selbst der echte Begriff der Gerechtigkeit und des menschlichen Rechts mit Finsterniß verhüllt und verloren wird und an die

Stelle der wahren Gerechtigkeit und des gesetzlichen Rechtes die materielle Gewalt gesetzt wird, so erhellt hieraus, warum einige mit gänzlicher Verachtung und Hintansetzung der sichersten Grundsätze der gesunden Vernunft zu schreien wagen, «der Wille des Volks, durch die sogenannte öffentliche Meinung oder auf andere Weise kundgegeben, bilde das höchste, von jedem göttlichen und menschlichen Recht unabhängige Gesetz, und in der politischen Ordnung haben vollendete Thatsachen dadurch, daß sie vollendet sind, Rechtskraft»." — Man sieht, hier ist mancherlei durcheinandergemengt und behauptet und sind Dinge in Causalzusammenhang gebracht, die keineswegs in einem solchen stehen. Zuerst wird behauptet, daß, wenn der Staat nicht von der Religion sich bestimmen (beherrschen) lasse und die Autorität der göttlichen Offenbarung (päpstliche Gewalt) verschmähe, derselbe auch bald das Bewußtsein von Recht und Gerechtigkeit verliere und nur noch materielle Gewalt herrsche. Wir wollen davon absehen, daß selbst die scholastische (als die wahrhaft kirchlich sich geltend machende) Wissenschaft ihre wichtigsten Begriffe des Rechts nicht blos, sondern selbst der (natürlichen) Moral der griechischen Philosophie, insbesondere dem Aristoteles entlehnt habe und also, wenn diese Begriffe ohne päpstliche Gewalt und deren Autorität entstehen konnten, gar kein Grund mehr da ist, warum sie sich nicht auch ohne dieselbe sollten erhalten können, sondern nothwendig zu Grunde gehen müßten — wir wollen, sag' ich, davon absehen, aber fragen müssen wir doch, ob benn, wenn der Staat, als solcher, sich der Autorität der Religion nicht unterstellt, dann auch schon die menschliche Gesellschaft und alle einzelnen ohne Religion und Geist seien und nur noch physische Gewalt herrsche? Gewiß kann man dies nicht mit Recht behaupten. Bekennt der Staat als solcher auch keine bestimmte Religion, so geht doch seine Ordnung und Regierung von religiös und geistig gebildeten Menschen aus und ist Ausdruck ihrer Einsicht und Vernunft, und die physische, materielle Gewalt hat da keine weitere und höhere Bedeutung als die, in welcher wir sie vorhin von der Encyclica selbst für die kirchliche Autorität in Anspruch nehmen sahen, ohne daß sie, wie es scheint, fürchtete, dadurch nur noch auf materielle Gewalt gestellt zu sein! Und also wird auch der Volkswille und die öffentliche Meinung nicht deshalb blos zur Geltung gebracht werden, weil etwa nur noch materielle Gewalt Geltung haben soll! Man muß eine sonderbare Ansicht vom Willen und von der öffentlichen Meinung des Volks haben, wenn man sie mit materieller Gewalt identificiren kann! Man muß da meinen, der Volkswille bestehe blos in Fäusten und die öffentliche Meinung in blindem, physischem Triebe. So ist es aber nicht bei den europäischen Culturvölkern und soll es immer weniger sein; man kann also diese doch wol nicht mehr als Wilde betrachten und behandeln! Der Volkswille und die öffentliche Meinung sind der Gegensatz theils zur Willkür der Gewalthaber, theils zur physischen Gewalt derselben, damit beides nicht mehr die allein und endgültig bestimmenden Mächte im Staate seien und nicht von ihnen die geltenden Gesetze gegeben und die Ordnung bestimmt werde — und die Völker dadurch nicht blos als willenlose Beute der Gewaltherrscher oder als urtheilslose Heerde, die sich nur um physisches Futter zu kümmern habe, erscheinen. Es handelt sich also dabei um die wahre Ehre und Würde der Völker und um die allmähliche Erhebung der einzelnen zur vollen Menschenwürde mit allen Befugnissen und Rechten, welche die wesentlich gleiche Natur aller Menschen bedingt. Und es ist fürwahr unbegreiflich, wie die höchste geistige Autorität, wie der „Vater" der Gläubigen es beklagen und verdammen kann, wenn die Völker nicht mehr als willenlose Massen gelten und wenn die durch große geistige Anstrengungen der besten Söhne der Völker errungene Einsicht und Bildung, ins allgemeine Bewußtsein übergegangen, als öffentliche Meinung eine mitbestimmende Macht wird. Um so unbegreiflicher ist dies, als noch vor kurzem der Papst in einem Schreiben\*) selbst auf religiösem und kirchlichem Gebiete das allgemeine (öffentliche) kirchliche Bewußt-

---

\*) An den Erzbischof von München vom 21. Dec. 1863, die katholische Gelehrten-Versammlung in München betreffend.

sein der Wissenschaft gegenüber geltend machte, ohne wie es scheint zu befürchten, in diesem Falle der bildungslosen Unvernunft gegenüber der gebildeten Vernunft ein Vorrecht einzuräumen. Ebenso wenig ist einzusehen, wie daraus, daß der Volkswille und die öffentliche Meinung auch zur Geltung kommen, ein allgemeines Streben und Jagen blos nach materiellem Erwerb und Besitz und nach Befriedigung der sinnlichen Gelüste mit nothwendiger Consequenz hervorgehen soll, wie das päpstliche Schreiben behauptet. Ich dächte, es folge vielmehr aus der Natur der Sache und werde von der Geschichte bestätigt, daß gerade umgekehrt da, wo man das Volk von allem Antheil an der Gesetzgebung und Ordnung des Staats ausschließt und der öffentlichen Meinung gar keine Bedeutung und Geltung zugesteht, und ihm blos unbedingte Unterwerfung unter eine absolutistische Gewalt übrigläßt, die allein denkt und will im Staate, daß da, sage ich, am meisten das Volk schließlich sich dem bloßen Gewinn und Genuß des Lebens hingibt und allen Sinn für höhere Interessen verliert. Mit Unrecht wird endlich der Volkswille in Gegensatz gegen das göttliche und menschliche Recht gesetzt, als machte derselbe nothwendig den Anspruch höher zu stehen als der göttliche Wille. Da wo überhaupt ein göttlicher Wille als existirend anerkannt wird, stellt sich gewiß auch der Volkswille nicht über denselben, sich etwa für höher ausgebend, — wenn er auch allerdings nicht immer in Harmonie mit demselben verharren mag. Allein in Disharmonie mit göttlichem Willen und Recht kommen auch wol andere Autoritäten, z. B. Alleinherrscher, und selbst auch die Päpste waren nicht immer bei ihrer Regierung mit dem göttlichen Rechte in Einklang. Man müßte nur annehmen — was freilich die ultramontanen enfants terribles auch thun — daß alles, was ein Papst will und verordnet, schon darum auch göttlicher Wille und göttliches Recht sei. Aber selbst in diesem Falle müßte man noch zugeben, daß wenigstens mit dem göttlichen Sittengesetz die Päpste schon vielfach in Conflict gekommen sind, wie andere Menschenkinder und wie das Volk. Das wahrhaft göttliche Recht hat vom Volkswillen und der öffentlichen Meinung sicher keine Gefährdung zu erleiden, sondern erhält dadurch vielmehr, wenn es einmal sicher als solches erkannt ist, um so entschiedener Anerkennung und natürliche Stützung, wie das die ersten Zeiten des Christenthums selbst bezeugen. Was aber das menschliche Recht betrifft, wie könnte es eher richtig erkannt werden als durch die geistige Thätigkeit des ganzen Volks, wenn diese durch hervorragende Geister angeregt und geleitet wird, und das Resultat dann in der öffentlichen Meinung Ausdruck, Läuterung und Anerkennung findet? Und handelt es sich einmal, etwa nach Katastrophen allgemeiner Auflösung der Staats- und Rechtsordnung, darum, das menschliche Recht (positiv) festzustellen, welches andere Organ gibt es, wodurch dies passender, sicherer und würdiger geschehen könnte als durch den Volkswillen? Doch wol würdiger, angemessener als durch rohe Gewalt oder Willkür!

Die Spitze dieser etwas verworrenen und auf Misverständnissen beruhenden Rede ist übrigens offenbar gegen Kaiser Napoleon III. gerichtet, dessen Fundament moralisch untergraben oder erschüttert werden soll, — wie dies deutlicher einige der „verdammten" Sätze zeigen, z. B. 59, 60 und 61, in welchen offenbar auf die Art und Weise angespielt ist, durch welche Louis Napoleon mittels der Volksmacht und der Stimmenmehrheit der Volksabstimmung seine Herrschaft begründet hat. Wir fühlen keinen Beruf in uns, eine Vertheidigung Napoleon's zu versuchen, deren er sicher sich gar nicht bedürftig fühlt. Die Bemerkung aber müssen wir uns doch gestatten, daß, wie man auch über alle sonstigen Vorgänge bei der Begründung seiner Herrschaft denken möge, die allgemeine Abstimmung des Volks (suffrage universel) nicht gerade die schlechteste Art der Begründung eines Herrscherrechts sei, da das Volk, wie unvollkommen der Act auch sonst sein mag, wenigstens nicht als bloße Sache dabei ins Spiel kommt. Rom hat vielleicht schon schlimmer begründete Herrscherrechte anerkannt, wenn sie sonst nützlich, förderlich schienen, und jedenfalls hat es bisher die Napoleon's anerkannt und selbst aufs beste für sich zu verwerthen gesucht. Hätte die Römische Curie gleich bei der entscheidenden Katastrophe lauten und entschiedenen

Protest erhoben, so wäre dies vor aller Welt als eine achtungswerthe Erfüllung überkommener Pflicht und als ein gewissermaßen erhabener Act erschienen; jetzt aber, nachdem man fast anderthalb Jahrzehnte die Vortheile der Napoleonischen Herrschaft sich bestens gefallen ließ und in Rom und in Frankreich ultramontanerseits ausgenutzt hat, können diese Verwerfungssätze schwerlich großen Eindruck hervorbringen, zumal man die Absicht derselben deutlich genug merken kann.

Das Folgende in der Encyclica enthält eine Klage darüber, daß man die religiösen Orden hasse und ihnen kein Recht der Existenz mehr zugestehen wolle, ihnen, die so große Verdienste um Kirche, Staat und Wissenschaft sich erworben haben. Wir wollen uns hierbei nicht lange aufhalten. Es ist begreiflich, daß der Papst möglichst viele Klöster in allen Ländern wünscht, denn sie sind ebenso viele Burgen seiner Herrschaft mit einer Besatzung, die ihm unbedingt ergeben ist und durch Bildung und seelsorgliche Thätigkeit den größten Einfluß auf das ungebildete Volk übt. Man sollte aber so billig sein, es auch dem Staate nicht gar zu sehr übel zu nehmen, wenn er es nicht gern sieht, daß eine übergroße Anzahl von Menschen seinen Schutz und seine Wohlthaten genießt und einen Theil des Volksvermögens in Besitz hat, welche unbedingt einer dem Staate äußern, nicht untergeordneten Autorität zur Verfügung stehen und von dieser möglicherweise der Staatsverfügung entzogen, ja gegen sie aufgeboten werden können, da sie auch durch ihr Vermögen eine gewisse Unabhängigkeit besitzen. Auch darum können dem Staate viele Klöster nicht erwünscht sein, weil doch durch sie stets mehr oder weniger geistige Kräfte und materielles Vermögen brach gelegt werden, die ohne sie vielleicht Verwendung gefunden und die Gesammtkraft des Volks vermehrt hätten. Auch katholischen Staaten kann das nicht gleichgültig sein, da sie die Concurrenz anderer Staaten, in denen alle Kräfte und Güter frei verwendet werden und ihre Stärke vermehren, zu bestehen haben. Daß übrigens die Orden sich in früherer Zeit Verdienste erworben haben und den Völkern förderlich waren, wollen wir nicht in Abrede stellen, allein es begründet dies kein

Recht für sie, später den Völkern und Staaten, der Wissenschaft und Civilisation hinderlich und schädlich zu werden.

Mit besonderm Nachdruck wird die Familie als religiöses Institut bezeichnet und wird die Ansicht, daß dieselbe ihren Bestand auf die bürgerliche Rechtsordnung gründe, verworfen, als Lehre des Communismus und Socialismus. Offenbar hat man hier schon die Civilehe im Auge, welche die Gewalt der Hierarchie so tief zu erschüttern droht. Doch ist es hier insbesondere die Jugend und ihre Erziehung, um derentwillen die Familie als kirchliches Institut vom Papst in Anspruch genommen wird. Denn allerdings, ohne die Jugend ganz in ihre Gewalt zu bringen, wird es der ultramontanen Partei nicht gelingen, alle Forderungen dieser päpstlichen Encyclica ins Leben einzuführen und zur Geltung zu bringen; auf die Jugenderziehung und Bildung aber gründet sie in der That ihre Hoffnung des allmählichen Gelingens — mag es auch jetzt noch so unwahrscheinlich sein. Darum geschieht es, daß die ultramontane Partei, die sonst, wie bekannt, nicht viel von Freiheit wissen will, jetzt mit so großem Eifer Freiheit der Familie, als Grundlage aller andern Freiheit fordert und gegen den Schulzwang von seiten des Staats sich ereifert. Der Staat soll es ganz dem Ermessen der Aeltern überlassen, ob sie ihre Kinder in einer Schule wollen unterrichten lassen und in welcher sie dies wollen, da durchaus den Aeltern das Recht über ihre Kinder zukomme. Es ist zum Erstaunen, welche Grundsätze die ultramontane Partei jetzt auf einmal proclamirt zu Gunsten der Familien, resp. der ganz ungebildeten Aeltern! Sogar die alte heidnische patria potestas, das unbedingte Verfügungsrecht über die Kinder wird den Aeltern im Namen der Kirche vindicirt, während man sonst kaum je genug in das Familienrecht und -Leben kirchlicherseits glaubt eingreifen zu können. Aber freilich um Freiheit, um Selbständigkeit der Aeltern im Verfügungsrecht über die Kinder handelt es sich auch jetzt nicht im Ernste. Es soll nur das Gebot und der Zwang des Staats aufgehoben werden, um dann volle Freiheit zu haben, kirchlicherseits den religiösen und moralischen Zwang den Aeltern gegenüber um so mehr auszuüben und sie durch alle zu Gebote stehenden Mittel in Kirche und Beichtstuhl zu nöthigen, ihre Kinder von den Schulen des Staats fern zu halten und in etwa zu errichtende kirchliche Schulen zu schicken. Gelingt dies letztere auch nicht immer, so ist doch leicht zu erreichen, daß ungebildete, kurzsichtige Aeltern ihre Kinder in gar keiner Schule unterrichten lassen, — und auch damit ist ja, scheint es, schon viel gewonnen, denn Menschen, die nicht lesen können, sind auch der Presse unzugänglich, und bleiben um so mehr der klerikalen Einwirkung überlassen. Gelingt es aber, dann kann in den klerikalen Schulen durch Zugrundelegung dieser päpstlichen Encyclica das Volk immer mehr rein kirchlich im Gegensatz zu den Grundsätzen und Einrichtungen des Staats erzogen und gebildet, der stillen Opposition gegen diesen immer weitere Verbreitung gegeben und die Entfremdung von Staat und Volk immer mehr verschärft werden. Das Verhältniß von Volk und Staatsregierung wird dann immer mehr und mehr nur noch ein äußerliches werden, während es durch alle innerlichen Bande an die Kirche, d. h. Hierarchie gefesselt wird; der Staat wird nur noch äußerlich auf das Volk wirken können, während der Kirche alle innerlichen Mittel zu Gebote stehen. Diese wird daher in der That sich immer mehr der Seelen ausschließlich bemächtigen, während dem Staate nur die Leiber übrigbleiben, und von den Seelen nur etwa die Abneigung gegen die Organe der Regierung, welche eine blos äußerlich geltend gemachte, innerlich aber entwurzelte Beherrschung mit sich zu bringen pflegt. Sind Staatsregierungen sorglos oder schwach genug, diesen kirchlichen Freiheitsforderungen nachzugeben und die Rechte der Kinder den Rechten, der Pflichtvergessenheit, dem Unverstande der Aeltern zu opfern, und beide, Aeltern und Kinder, dem moralischen Zwange der sich immer mehr organisirenden ultramontanen Partei preiszugeben, so ist kaum ein Zweifel, daß mehr oder minder die genannten Folgen eintreten werden. Auch werden die Regierungen den unablässigen Bestrebungen dieser in sich organisirten, von Rom und den Jesuiten in aller Weise geförderten, die Bischöfe aber beherrschenden ultramontanen Partei für die Dauer kaum widerstehen können, wenn sie sich zu sehr oder ausschließlich auf ihre Bureaumittel und die ihnen zu Gebote stehende physische Gewalt verlassen, die doch nur den augenblicklichen, nicht den dauernden Erfolg sichert — und wenn sie es dagegen versäumen oder verschmähen, eine geistige Macht, die der Wissenschaft und der Presse, als Bundesgenossen anzuerkennen und zu fördern.

Mit wahrer Heftigkeit, ja mit groben, beleidigenden Ausdrücken erklärt sich die päpstliche Encyclica gegen die Ansprüche des Staats und der Träger der Staatsautorität, daß kirchliche Erlasse der Beurtheilung und Sanction der Staatsgewalt sich unterziehen müssen, wenn sie verpflichtende Geltung haben sollen. Der Papst nennt diesen Anspruch eine „ausgezeichnete Unverschämtheit" — was freilich nicht gehindert hat, daß z. B. in Frankreich dieser Anspruch gleich dieser Encyclica gegenüber selbst praktisch geltend gemacht wurde. Das Gebiet aber, für welches die päpstliche Autorität unbedingte, vom Staat ganz unabhängige Geltung in Anspruch nimmt, ist ein sehr weites, sehr umfassendes und zugleich ziemlich unbestimmtes. So wird z. B. für die Kirche, d. h. für den Papst (im ultramontanen Sinn) das Recht in Anspruch genommen, auch Verordnungen zu erlassen, die die Gewissen der Gläubigen verpflichten und binden in Bezug auf den Gebrauch der irdischen Güter, und es wird die gegentheilige Behauptung, daß die Kirche dies Recht nicht habe, ausdrücklich verworfen. Die Kirche, der Papst hat also auch die Macht über das zeitliche Gut der katholischen Staatsbürger, und die Staatsgewalt muß sich päpstliche Verfügungen in diesem Betreff unbedingt gefallen lassen, wenn sie sich nicht den Vorwurf der Unverschämtheit zuziehen, sondern der Kirche ihre gebührenden Rechte gewähren will. — Wie die Güter der Gläubigen und die Seelen, so nimmt der Papst auch die Leiber derselben in Anspruch, indem er sich das Recht beilegt, die Uebertreter der kirchlichen Gesetze mit zeitlichen Strafen zu bändigen und zu zwingen. Es sollen also wol, wie im Kirchenstaate so auch in den andern Staaten den Bischöfen Carceri zu Gebote gestellt werden und Polizeimann=

schaft, um z. B. die Uebertreter des Fastengebots, diejenigen, die am Freitage Fleisch essen, einzusperren oder sonstige physische Strafen an ihnen vorzunehmen! Oder der Staat muß auf Befehl der Bischöfe solche Beamte, die etwa sich über ihre österliche Beichte nicht gehörig ausweisen können, disciplinarisch maßregeln, zurücksetzen oder absetzen oder sonst mit „zeitlichen" Strafen belegen. Kurz es sollen wol hiernach überall die exemplarischen Zustände des Kirchenstaats hergestellt werden — wo darum auch die päpstliche, weltliche Regierung so beliebt und befestigt ist, daß sie ohne die französischen Bajonnete kaum einen Tag bestehen könnte! Wir brauchen hierüber weiter nichts zu sagen, die Sache richtet sich von selbst, wenn auch der Papst noch so sehr den Fürsten, die sich ihm gehorsam erweisen und die alles nach seinen Anforderungen einrichten, den größten Vortheil und den höchsten Ruhm verspricht; Vortheil und Ruhm, welche die Anwendung und Aufrechthaltung seiner Grundsätze dem Papste in seinem eigenen Staate nicht bringen! — Es wird endlich nur in allgemeiner Fassung wiederholt und eingeschärft, daß der Papst der eigentliche Oberherr der Welt sei und die Fürsten ihre Macht hauptsächlich nur dazu haben, um sie als brachium saeculare ihm zur Verfügung zu stellen, wenn als eine Kühnheit und als ungesunde Lehre die Behauptung bezeichnet wird, daß man ohne Sünde und ohne Schaden des katholischen Bekenntnisses jenen Urtheilen und Decreten des apostolischen Stuhls Beistimmung und Gehorsam versagen könne, die erklärterweise das allgemeine Beste der Kirche, deren Rechte und Disciplin betreffen, wenn sie nur die Lehren des Glaubens und der Sitten nicht berühren. Wer sieht nicht, daß wenn kein Katholik, ohne sich einer Sünde und Verleugnung des Glaubens schuldig zu machen, allem dem Anerkennung und Befolgung versagen darf, was der Papst zum Besten der Kirche zu beschließen für gut findet, oder als Recht der Kirche geltend machen will, daß, sage ich, dann der Papst unbedingt Herr über alle Staaten, Fürsten und Verfassungen ist? Wenn ein Unterthan sich auf verfassungsmäßige Rechte, wenn ein Fürst sich auf Kronrechte beruft den Ansprüchen und Verorbnungen des Papstes gegenüber, so ist er ein Sünder und Abtrünniger; denn es wird ausdrücklich beigefügt, der Widerspruch gegen diese Ansprüche sei ein Widerspruch gegen das katholische Dogma von der Vollgewalt, die von Christus dem Herrn selbst dem römischen Papste göttlich übertragen worden, die ganze Kirche zu weiden, zu regieren, zu leiten. Die ganze Stelle lautet: „Atque silentio praeterire non possumus eorum audaciam, qui sanam non sustinentes doctrinem contendunt «illis Apostolicae Sedis judiciis et decretis, quorum objectum ad bonum generale Ecclesiae, ejusdemque jura, ac disciplinam spectare declaratur, dummodo fidei morumque dogmata non attingat, posse assensum et obedientiam detrectari absque peccato, et absque ulla catholicae professionis jactura». Quod quidem quantopere adversetur catholico dogmati plenae potestatis Romano Pontifici ab ipso Christo Domino divinitus collatae universalem pascendi, regendi et gubernandi Ecclesiam, nemo est qui non clare aperteque videat et intelligat." Wir wollen nicht untersuchen, in welchem Verhältniß diese extremen Ansprüche zum Wesen der Religion und des Christenthums stehen, ob sie nicht diesem widersprechen und ob wirklich Christus selbst seiner Kirche und zwar dem römischen Bischofe die Macht verliehen habe, die hier von ihm angesprochen wird; gewiß ist, daß neben dieser keine weltliche Souveränetät bestehen kann. Die Stelle hat eine entscheidende Bedeutung und keine Bemäntelung und Deutelei wird es hinwegbringen, daß hier der Papst allgemeine Herrschaft in Anspruch nimmt auch in Dingen, die nicht zum Glauben gehören, und daß diese Herrschaft dogmatisch sei, also ihre Anerkennung zum katholischen Glauben gehöre. Freilich spricht er sich nicht alle Rechte zu ohne Ausnahme, sondern nur das Recht, alles ungehindert anzuordnen, was zum Heile der Kirche dient, und all das zu üben, was Recht der Kirche ist. Was aber der Kirche zum Heile dient und was zum Rechte der Kirche gehört, das bestimmt nur wieder die kirchliche Gewalt (der Papst) selbst und der Staat hat dabei nichts mitzureden, da er dazu keine Vollmacht hat und davon nichts versteht. Er hat also nur zu erwarten, was die kirchliche Gewalt ihm übrigläßt und wo sie die Grenze zwischen beiden Gebieten feststellt, da dies einzig von der kirchlichen Autorität abhängt. Man wird daraus die bischöflichen und päpstlichen Ansprüche in den jüngsten Unterrichts= und Seminarfragen begreifen!

Wenn aber der Staat unter diesen Umständen etwa sagen wollte: Gut, die Kirchengewalt mag beschließen und verordnen, was sie will, wir wollen ihr gar nichts einreden, wollen ihr volle Unabhängigkeit und Gewalt über die Gläubigen einräumen, dafür aber soll auch der Staat in seinem Gebiet unabhängig sein, sobaß er von der Kirche nichts anspricht, diese aber auch von ihm nichts, — wollte der Staat so reden, so hat der 55. Satz des Syllabus schon dagegen Vorsorge getroffen, der verbietet, daß die Kirche vom Staate, der Staat von der Kirche getrennt werde. Der Grund ist klar, die Kirche (der Papst) will nicht etwa blos frei sein vom Staate, sondern ihn beherrschen, ihn in Dienstbarkeit erhalten, denn sie braucht ja einen Diener, der ihre Befehle vollzieht und allenfalls den Scharfrichter macht, denn Ecclesia non sitit sanguinem; und doch ist blutige Strenge so oft für die christliche Wahrheit und gegen die Ketzer und die Bosheit der Welt nothwendig und gegen alle, welche den Be= fehlen des Papstes nicht gehorsam sein wollen!

## II.

## Das Verzeichniß der Haupfirrthümer unserer Zeit.

Indem wir uns von der Encyclica zum Verzeichniß (Syllabus) der sogenannten hauptsächlichsten Irrthümer unserer Zeit wenden, haben wir es nicht darauf abgesehen, die ganze Summe derselben, wovon ein Theil ohnehin schon in der Encyclica enthalten ist, im einzelnen zu betrachten und zu würdigen, sondern wollen uns damit begnügen, nur die wichtigsten derselben etwas näher zu beleuchten.

Der erste der zehn Paragraphen, in welche der Syllabus gegliedert ist, hat die Ueberschrift „Pantheismus, Naturalismus und absoluter Rationalismus" und enthält sieben Sätze, die als Irrthümer bezeichnet werden. Wir sind unsererseits ganz einverstanden damit, daß die hier genannten Ansichten schwere Irrthümer seien, und glauben, daß es für das geistige Leben selbst der gebildetsten Völker sehr schädlich wäre, wenn dieselben aus dem Gebiete der strengen Wissenschaft mehr und mehr ins allgemeine Bewußtsein gleichsam wie Glaubens- oder vielmehr Unglaubenssätze übergingen und Einfluß auf das praktische Leben gewännen. Es wird in Europa verhältnißmäßig nur wenige Männer selbst der Wissenschaft geben, die hierin nicht mit dem Papste einverstanden wären und seinen Bemühungen den besten Erfolg wünschten. Eine andere Frage aber ist es, ob der Papst mit dieser Encyclica und dem Syllabus den rechten Weg zum gewünschten Ziele eingeschlagen, hier und in andern Erlassen die rechte Weise gewählt habe, dem Uebel mit Erfolg entgegenzuwirken. Unsers Bedünkens ist dies nicht der Fall. Diese kurzen Machtsprüche der Encyclica und diese üblichen Klagen, beschimpfenden Bezeichnungen und Verfluchungen in den päpstlichen Kundgebungen gegen die Vertreter der genannten Ansichten oder Weltauffassungen werden nichts fruchten. Es wird wol kaum ein einziger Anhänger des Pantheismus, Naturalismus u. s. w. durch diese encyclische päpstliche Kundgebung belehrt werden, im Gegentheil durch die maßlosen Ansprüche derselben, durch das Verwerfen selbst der richtigsten und berechtigtsten Ideen der neuern Zeit werden sie nur zu um so schrofferm Gegensatz gereizt, und durch die allgemeine Entrüstung und Opposition, welche die Encyclica hervorgerufen, werden sie nur um so mehr in ihren Ansichten bestärkt werden und nur um so entschiedener den Wahrheiten, welche der Papst vertritt, vorurtheilsvoll den Rücken kehren. Falsche Systeme können entweder theoretisch oder praktisch widerlegt oder besiegt werden; theoretisch durch wissenschaftliche Gründe in strenger Untersuchung, praktisch durch siegreiche Bethätigung der Wahrheit in Werken der gläubigen Liebe. Diese päpstlichen Kundgebungen aber sind weder das eine noch das andere. Sie leiden zudem gewöhnlich an dem Uebel, daß sie sich in beschimpfenden Bezeichnungen, Verdammungen ergehen und stets böse Absichten zuschreiben und moralisch verdächtigen. Dadurch sind sie stets in Gefahr, eine Ungerechtigkeit zu begehen, ohne irgendetwas durch solchen herkömmlichen Stil zu erreichen. Man überlege es sich nur, ob man wirklich ein genugsam begründetes Recht habe, alle jene Männer, die oft in langer ernster Forschung zur pantheistischen oder naturalistischen Weltauffassung oder zum Rationalismus kamen, immer schlechter Absichten zu beschulbigen, auf bösen Willen anzuklagen! Sie, die so oft ein ganzes Leben voll Opfer, Entbehrung und Anstrengung der Erforschung der Wahrheit gewidmet haben, verzichtend auf die gewöhnlichen Vortheile, Ehren und Genüsse des Lebens; sie, die Ernst gemacht mit dem Streben nach Wahrheit, sie sollen ohne weiteres nur schlechter, verwerflicher Gesinnung beschulbigt werden können, einer Gesinnung, die man andern nicht zuschreibt, die sich nie um Wahrheit bekümmert, kein Opfer ihr gebracht, sondern Genüssen nachjagend, von dem, was als Wahrheit hingestellt zu werden pflegt, nur möglichst viel Vortheil zu ziehen suchten? Erwäge man doch einmal in Rom, ob so viele, die nur Vortheile genießen von der festgestellten Wahrheit, ohne ihr je ein Opfer zu bringen, ohne sich viel, mit Ernst und Anstrengung mit ihr zu befassen, trotz ihrer zur Schau getragenen Rechtgläubigkeit, der Wahrheit in so hohem Grade die Ehre geben, wie jene Männer, denen auch Ehren und Genüsse offen standen, die aber denselben entsagten, um alle Kraft und Anstrengung auf die Forschung zu wenden? Uns scheint es nicht, daß jene ein Recht haben, diesen ohne weiteres bösen Willen und schlechte Absichten zuzuschreiben und sie zu verdammen, sich selbst aber, die oft kaum einen Finger bewegen mochten für die Wahrheit, zu benedeien und sich damit zu brüsten, daß sie nicht sind, wie diese verworfenen Philosophen!

Die päpstlichen Kundgebungen gefallen sich regelmäßig darin, über die Schlechtigkeit der Zeiten zu klagen, das Umsichgreifen des Irrthums zu bejammern, die Verirrung und Verführung so vieler Seelen zu beklagen — und das alles einzig und allein dem Mangel an Gehorsam gegen Rom, der menschlichen Wissenschaft und der Leidenschaft und dem bösen Willen der Menschen zuzuschreiben. Aber sollte es nicht gerathen sein, in Rom einmal auch eine Selbstprüfung vorzunehmen, ob nicht das dortige System, ob nicht die übliche Methode, die Sache des Christenthums zu vertreten, verfehlt und unbrauchbar sei, und wenn nicht Hauptschuld, doch Mitschuld trage, daß das Christenthum verhältnißmäßig wenig Erfolg habe und die moderne Menschheit namentlich in den gebildeten Klassen sich so vielfach davon abwendet oder sich wenigstens gleichgültig dagegen verhält? Man erwäge doch einmal, denn es ist höchste Zeit, ob das bisher übliche System zum Heile führe und dem Christenthum und der Menschheit förderlich sei; ein System, das immerfort den Glauben, im Sinne eines Fürwahrhaltens einer Summe von formulirten, vorgeschriebenen Sätzen, für das Wichtigste und Entscheidende erklärt, und der Liebe, die Christus als das Wesentliche bezeichnet, nur die zweite Stelle gewährt, ja um des Glaubens willen ganz beiseitesetzen, wenn nicht gar das Gebot derselben mit Füßen treten läßt. Wenn nun jemand überlegt, welche Leidenschaften in der Menschheit im Namen des Glaubens schon entfesselt, welche Unthaten schon um seinetwillen, durch und für ihn verübt worden sind und wie in dieser Weise der Glaube so oft und so sehr als Feind der Liebe erschienen ist, die doch Christus selbst hauptsächlich gelehrt und geübt und als den Zweck und das Wesen seines ganzen Werkes erklärt hat — so ist es wahrlich nicht sehr zu verwundern, wenn er sich von dieser Auffassung des Christenthums abwendet oder ihm wenigstens Gleichgültigkeit entgegenstellt. Es besteht, unsers Erachtens in diesem, freilich altherkömmlichen Glaubenssystem, bei welchem gegebenenfalls stets die Liebe dem Glauben zum Opfer fallen muß, und um des Glaubens willen alle Gebote der Liebe außer Acht gelassen werden — es besteht, scheint mir, in diesem System die Hauptmisère der religiösen Verhältnisse der Vergangenheit und auch noch der Gegenwart. Aus dieser wird nicht herauszukommen sein, solange man nicht endlich zugibt, daß der Glaube nicht durch Fanatismus, durch Leidenschaft, durch Grausamkeit, kurz nicht durch Lieblosigkeit gefördert werden dürfe und könne, sondern vor allem durch werkthätige Liebe, die doch eher von der Wahrheit Zeugniß geben kann als Gewaltthätigkeit, Schmähung und Verfluchung, mit der man stets so bereit ist und wozu auch noch andere gleichsam verpflichtet werden, um ihren Glaubenseifer zu zeigen und verdienstlich zu machen. — Es steht als drohende Gestalt die sociale Frage vor der modernen Gesellschaft und fordert Lösung; Religion und Christenthum sollen mit dem Staate zusammenwirken, um dabei ans Ziel zu kommen. Wird dies aber möglich sein durch Erregung des Glaubensfanatismus? Wird eine Förderung erzielt werden dadurch, daß neue Dogmen gemacht werden? Sicher nicht, beides trägt vielmehr nur dazu bei, den Geist der modernen Gesellschaft noch mehr von der Kirche und selbst vom Christenthum abzustoßen und die von Religion, Staat und Wissenschaft gemeinschaftlich zu unternehmende Lösung der genannten Frage zu erschweren. Es ist in dieser Lage der Dinge fürwahr als eine providentielle Fügung zu betrachten, daß gerade jetzt die historische Erscheinung, das Leben Jesu zum Gegenstand eingehender Untersuchungen geworden ist, und im Bewußtsein der Gläubigen dadurch wieder lebendig gemacht wird. Das Leben Jesu ist das höchste geschichtliche und geistige Gut der Menschheit; wird es in seinem einfachen Verlauf und seinem tiefen, göttlichen Inhalt festgehalten und dem religiösen Bewußtsein und Leben der modernen Gesellschaft zu Grunde gelegt, so sind wol zwei Probleme zugleich dadurch zu lösen. Fürs erste nämlich das der religiösen Erneuerung oder christlichen Wiederbelebung, die in gleicher Weise dadurch den Gebildeten wie den Ungebildeten zutheil werden kann, wie sie auch für beide gleich sehr nothwendig ist; und zweitens das Problem des socialen Lebens der modernen Völker. Noch eine andere Schwierigkeit dürfte damit in einfachster Weise überwunden werden, die nämlich, das Verhältniß des Staats zur religiösen Gesellschaft in richtiger

Weise zu bestimmen. Es ist nämlich einerseits richtig, daß der Staat sich nicht vollständig von aller Religion lossagen, sie nicht gänzlich ignoriren kann, andererseits aber kann er auch nicht mit irgendeiner bestimmten Religion oder Confession sich verbinden, um sie zur alleinherrschenden zu machen und alle andern unduldsam abzuweisen; endlich aber muß er doch allen Religionen gegenüber, wie sehr er sich auch bescheidet, ihnen einzureden, einen bestimmten Maßstab haben, an dem er selbst die Grenzen der Zulässigkeit religiöser Gesellschaften und Bekenntnisse bestimmt, da ganz und gar unbedingte Freiheit der religiösen Ansichten doch unmöglich ist, z. B. ganz verrückten Schwärmereien oder unmoralischen Grundsätzen gegenüber. Das Leben Jesu nun, wenn es rein und einfach aufgefaßt wird, ist ein klarer Maßstab, an dem die Religionen oder vielmehr das religiöse Leben geprüft werden kann, als dem ewigen Vorbild wahren religiösen und sittlichen Lebens, ohne daß man sich in die Subtilitäten von Bekenntnißlehren einzulassen braucht. Wenn darum der Papst für die geschichtliche Gestalt und das Leben Jesu besorgt ist, so ist das aller Anerkennung werth, und es verdient Dank, wenn er sich dagegen erklärt, daß es zur bloßen Mythe herabgewürdigt werde. Aber auch in dieser Beziehung ist nicht viel damit geholfen, wenn andere angeklagt werden, es dürfte frommen, wenn auch hier in Rom einige Selbstprüfung angestellt würde. Man bedenke nur, was man ultramontanerseits aus dem Leben Jesu gemacht, wie man das wirkliche, historische, menschliche Leben desselben mehr und mehr aus dem Bewußtsein der Gläubigen gleichsam ausgelöscht, oder vor lauter dogmatischer Erhöhung, Verhimmelung und Entmenschlichung ganz und gar unbrauchbar für menschliche Betrachtung und Nachfolge gemacht hat, sobaß recht eigentlich die Menschheit durch solche theologische Bestimmungen, die alle menschlichen Momente und Entwickelung verneinten, um dieses höchste historische Gut gebracht ward. Kein Wunder da, wenn das Christenthum so wenig Wirkung auf das praktische Leben hervorgebracht hat und hervorbringt, wenn das gottinnige und zugleich praktisch thätige Leben Jesu kein Gegenstand der Nachahmung ist und man sich das Christenthum fast nur noch als eine Art Zaubermittel gefallen läßt, es gleichsam als ein Amulet betrachtet, das der Menschheit angehängt wurde, und nun seine geheimen, zauberischen Wirkungen zur schließlichen Beseligung der einzelnen Menschen, die ihr Vertrauen darauf setzen, auszuüben hat. Und freilich den Menschen ist nichts lieber, als wenn sie durch geheime Wirkungen oder Zaubereien, oder gegen Uebung geringer Formalitäten das erlangen sollen, was sonst nur durch schwere und ernste moralische Pflichterfüllung errungen werden kann. Wie sollte aber dagegen nicht endlich eine Reaction eingetreten sein, die darauf ausging, das wahre Leben Jesu wiederzugewinnen, es in seiner historischen Wirklichkeit und Wahrheit wiederherzustellen, und insbesondere für die arme, bedrängte, leidende Menschheit wiederzugewinnen, befreit von allen Verdunkelungen, Entmenschlichungen und ebenso historisch unwahren als unpraktischen, ästhetisirenden Verhimmelungen! Wenn dabei auch wol zu weit gegangen werden mochte, so ist nur zu bedenken, wie leicht ein Extrem das andere hervorruft, und wie wirklich zuerst eine Art Mythisirung von der Theologie und Gläubigkeit in positiver Weise stattfand, die dann nur in negativer Weise von der kritischen Betrachtung aufgefaßt und theilweise zur historischen Zerstörung verwendet wurde. Und wenn man, wie es in unsern Tagen geschieht, die Welt zum Zeugen des Schauspiels macht, wie allmählich und historisch, fast möchte man sagen, eine Göttin für den Glauben oder als Glaubensartikel entsteht, darf es da noch groß wundernehmen, wenn davon ein Rückschluß gemacht, und auf die ersten Zeiten des Christenthums übertragen wird für die Entwickelung der Lehre von der Person Christi, was jetzt geschieht, und in Bezug auf diese ein ähnlicher Proceß angenommen wird wie der, den die spätere und neueste Zeit in Bezug auf Maria zeigt? Was von der Lehre von der Gottheit Christi, das gilt auch und noch mehr bei der Lehre von der Erlösung. Man weiß, wie namentlich in den südlichern Ländern, vor allem in Italien, die Madonna als die eigentliche Fürbitterin, ja der Sache nach als Erlöserin gilt, deren Schutz und Schirm alles vermag trotz göttlicher Gerechtigkeit und menschlicher Sündhaftigkeit und Verbrechen. Bis zu welchem Grade gefährlichster und skandalösester Verirrung man in dieser Beziehung bereits gekommen, davon geben manche Publicationen, die keineswegs kirchlich verboten sind, genugsam Zeugniß. Da hat z. B. ein Mensch das ausschweifendste Leben geführt, aber zum Glück ein gewisses Amulet getragen, oder täglich ein Ave=Maria oder einen frommen Spruch zu Maria zu beten die Gewohnheit gehabt, da kann er nun trotz all seiner Laster nicht zu Grunde gehen, Maria weiß alle Gesetze der Gerechtigkeit zu beugen und alle Schlechtigkeit zu decken als Gegenlohn für die Aufmerksamkeit, die ihr gewidmet wurde. Da ist ein greulicher Verbrecher dem Tode nahe oder schon todt, aber er hat der Madonna regelmäßig einige kleine Aufmerksamkeiten erwiesen, das genügt, daß er nicht wie andere Menschenkinder, die viel sittlicher gelebt haben, dem Gerichte übergeben wird um seiner Thaten willen, er kann vielmehr noch die Sakramente empfangen selbst wenn er schon todt, wenn schon der Kopf vom Rumpfe getrennt ist! Der Unterschied von gut und bös, Gericht und Gerechtigkeit haben da, wie es scheint, ganz aufgehört, und Gunst und Willkür walten unbedingt im ewigen Reiche der Wahrheit und Gerechtigkeit — und das alles um einiger kleinen Aeußerlichkeiten willen! Und doch verlautet nichts, daß der Papst seine oberste Hirtensorgfalt diesen Mißständen zugewendet habe, die ein fortwährendes Aergerniß sind für die gesunde Vernunft, und eine fortwährende Gefahr für das sittliche Urtheil und Streben; während fort und fort gegen Wissenschaft und Aufklärung zu Felde gezogen wird, um sie wie eine große Gefahr für die Menschheit niederzuhalten und zu hemmen. In der That, wie soll sich die Welt, je aufgeklärter und wirklich christlicher sie wird, nicht angewidert und zurückgestoßen fühlen von solch craffem Aberglauben, der gleichsam unter den Augen des Oberhauptes der katholischen Kirche am üppigsten wuchert, ohne daß für ernstliche Gegenwirkung durch bessern Unterricht und wirklich religiöse Erziehung Sorge getragen würde!\*) Und wie sollte da das sittliche Urtheil nicht corrumpirt und das sittliche Streben auf das schlimmste gefährdet werden, wo die Menschen angeleitet werden, sich auf so leichte Weise Straflosigkeit zu sichern? Wie nahe liegt da der Gedanke: wozu den schweren Kampf um Tugend kämpfen, wenn man sich so leicht vor den schlimmen Folgen des lockenden, leichten Lasters sichern kann! Gott, der Welt und dem Teufel kann der Sittenlose, der Verbrecher ein Schnippchen schlagen in der sichern Hoffnung, daß seine Patronin für einige geringe Aufmerksamkeit ihm Ungestraftheit und ewiges Leben verschaffen werde! Doch in Rom hat man gegen all das kein Wort des Tadels oder des Verbots, nur die Wissenschaft, die Bildung, die zunehmende Vernünftigkeit und Mündigkeit der Völker ist dort der Gegenstand der Sorge und des beständigen Verfluchens und Bekämpfens. — Wir hören viel Geschrei von seiten der ultramontanen Partei über modernes Heidenthum, das von der Wissenschaft, insbesondere von der Philosophie ausgehen soll. Uns fällt dabei das Wort des Vorgängers Pius' IX. ein: „Man gebe den Worten ihre Bedeutung zurück." Heidenthum soll von der Wissenschaft, insbesondere von der Philosophie ausgehen? Was ist denn Heidenthum? Doch wol die Verehrung, die Anbetung dessen als eines Göttlichen, was nicht göttlich ist, seien das nun wirkliche Naturgegenstände, wie beim Fetischdienst, oder Gebilde der Phantasie, wie in der griechischen Götterlehre und Volksreligion. Und solch ein Heidenthum soll in moderner Zeit von der Wissenschaft ausgehen? Wo geschieht denn dies, oder wo ist es je geschehen? Selbst im Alterthum hat die Wissenschaft, die Philosophie, das Heidenthum vielmehr zerstört, statt es zu be-

---

\*) Es mag wol manche ästhetische Seelen geben auch unter den Deutschen und selbst unter den Protestanten, die das alles ganz interessant finden und es vielleicht bedauern würden, wenn es nicht so wäre — wie sie es etwa auch bedauern würden, wenn es die so malerischen, zerlumpten Bettler nicht mehr gäbe!

gründen. Wesen, Ziel und Streben der Wissenschaft ist stets naturgemäß gegen heidnisches Wesen oder Unwesen gerichtet. Wollen wir „modernes Heidenthum" in unserer Zeit wahrnehmen, dann müssen wir unsern Blick anderswohin richten als auf die Wissenschaft, wir müssen ihn auf den Ultramontanismus richten und seine religiösen Strebungen und Uebungen. Da sehen wir einen äußerlichen, sinnlich reizenden Cultus von Heiligen und von Bildern mit Vernachläſſigung der wahren Verehrung und Anbetung Gottes im Geiste und in der Wahrheit, sehen ein ganzes Wunder- und Zauberwesen eingerichtet, wodurch Kinder und ungebildete Menschen berückt werden und selbst gebildete von ästhetisirender Richtung sich ködern lassen, und der ganze Gottesdienst in Aeußerlichkeit, in angenehme Sinnesunterhaltung sich verliert. Wir wollen, da der Mensch einmal ein Sinneswesen und zwar ein schwaches ist, nicht alle äußerlichen, auch auf die Sinne wirkenden Veranstaltungen aus dem Gottesdienste verbannen, aber es gibt doch auch hier ein Maß, und das Mittel darf nie den Zweck verdrängen. Heutzutage aber findet ein förmlicher Wetteifer in den katholischen Kirchen statt, sich in Versinnlichungen und Aeußerlichkeiten einander zu überbieten, um die Menge zu reizen, zu ködern, zu betäuben und sie gar nicht sozusagen zur religiös-ethischen Besinnung kommen zu lassen. Dieser Cultus bewegt sich beständig an der Grenze des Heidenthums und schreitet, bei der Unbildung der Menge, nur zu oft über dieselbe hinüber. Soll von modernem Heidenthum einmal die Rede sein, so findet man es hier seinem wahren Begriffe nach, nicht bei der Wissenschaft, die man damit verdächtigen will. Man gebe den Worten ihre Bedeutung zurück!

Die übrigen Sätze, die in diesem Paragraphen noch Verwerfung finden, sind, so entschieden sie auftreten, doch zum Theil sehr unbestimmt, sehr einseitig, und schon darum leicht misverständlich, weil sie eben in scholastischer Sprache auftreten und ein ganzes, eigenthümliches Schulsystem hinter sich haben, aus dem heraus sie erst wirklich verstanden und gewürdigt werden können. Mitten in die moderne Sprach- und Anschauungsweise hineingestellt, müssen sie theilweise als plumpe Fremdlinge, wie vorweltliche Ungeheuer erscheinen, die alles unterschiedslos vor sich niebertreten wollen; — eine Bemerkung, die auch noch von manchen Sätzen der folgenden Paragraphen gilt. — So wird z. B. der Satz (4) verworfen *): „Alle Wahrheiten der Religion stammen aus der natürlichen (angeborenen) Kraft der menschlichen Vernunft; daher ist die Vernunft die Hauptnorm, durch welche der Mensch Erkenntniß aller Wahrheiten, welcher Art sie immer seien, erlangen könne und müsse." Hier ist scheinbar alles sehr bestimmt und doch wiederum sehr unbestimmt, da es fast bei jedem Hauptbegriff darauf ankommt, was darunter verstanden, in welchem Sinne er genommen wird. Was ist unter Herleitung oder Abstammung (derivare) zu verstehen, was unter Vernunft (ratio), was unter angeborener Kraft (vis nativa), was unter Norm (norma), was endlich selbst unter Erkenntniß (cognitio)? Je nachdem dies alles oder eins davon eigenthümlich aufgefaßt wird, gestaltet sich eben die Bedeutung des ganzen Satzes um. Auf den ersten Blick scheint es, als solle die natürliche Entstehung der Religion damit zurückgewiesen werden. Das kann indeß nicht damit gemeint sein, denn Scholastiker und Jesuiten nehmen die Möglichkeit natürlicher Religion theoretisch an; es soll also damit wol nur die Behauptung verworfen werden, daß alle religiösen Wahrheiten (resp. deren Erkenntniß?), nämlich auch die sogenannten specifischen Offenbarungswahrheiten aus der natürlichen Kraft der Vernunft stammen. Durch diese Deutung erhielte der erste Theil des Satzes wol einige Klarheit, dafür aber würde dann der zweite Theil um so unklarer; denn in diesem wird verworfen, daß die Vernunft die Hauptnorm der Erkenntniß aller Wahrheiten jeglicher Art sei — und es liegt die Annahme zu Grunde, daß es auch eine Erkenntniß (cognitio) von Wahrheiten gebe, die nicht durch die Vernunft stattfinde. Aber wodurch denn sonst?

---

1) Omnes religionis veritates ex nativa humanae rationis vi derivant; hinc ratio est princeps norma qua homo cognitionem omnium cujuscumque generis veritatum assequi possit ac debeat.

Gibt es eine Erkenntniß, die nicht durch die Kraft (Potenz) der Erkenntniß stattfindet? Wohl, wird man sagen, durch den Glauben und die Offenbarung. Aber wodurch findet der Glaube statt, wenn nicht durch die Vernunft? Durch den Willen, möchte man sagen. Aber ist ein Wollen möglich, ohne daß man weiß, was man will? Durch göttliche Erleuchtung und Bewegung, könnte man erwidern. Aber gibt es ein Licht ohne Auge, d. h. hilft ein Licht ohne Sehorgan und setzt also göttliche Erleuchtung nicht selbst schon das Auge der Vernunft, der Erkenntnißkraft voraus? Kann man also behaupten, daß es eine Erkenntniß von Wahrheiten gibt, die nicht der Vernunft angehört? Aber es heißt „Hauptnorm" (princeps norma), wird man sagen. Allein ist nicht die Vernunft Hauptnorm der Erkenntniß jeder Art, da es eine andere gar nicht geben kann, es sei denn, daß sie selbst erst durch die Vernunft angenommen, adoptirt worden ist! Quelle der Wahrheit aber (sachlich), nicht blos der Erkenntniß der Wahrheit, kann die Vernunft nie sein; weder für die eine noch für die andere Art der Wahrheit. Keine Art von Wahrheit ist also ohne die Vernunft da für den Menschen, sei sie so sehr specifisch christliche oder Glaubenswahrheit als sie wolle. Dies zeigt sich sehr leicht an der Gegenprobe: Man denke sich eine Gesellschaft Blödsinniger, die wahren Gebrauches der Vernunft (das Wort ganz allgemein genommen wie ratio) nicht fähig sind, für diese würden die Wahrheiten der Religion nicht existiren, weder in der Form des Glaubens noch in der des Wissens, weder durch Vernunft noch durch Offenbarung. Doch genug, wir sehen, wie klar diese Sätze sind und wie leicht zu verstehen, derart daß wol zwei Drittheile des hochwürdigsten Episkopats nicht im Stande sein dürften, den Sinn davon klar zu erfassen und andern zu erklären, ein Drittheil aber in den mannichfachsten Deutungen sich ergehen würde, wenn es je über allgemeine Phrasen hinauskommen sollte! Es hilft eben nichts, der Wissenschaft einreden und vorschreiben zu wollen, daß sie in starren Formeln sich bewege; — wo ein lebendiger Geist ist, wird er diese immer wieder in seiner Weise beleben, sprengen und umdeuten.

Wir hätten viel zu thun, wenn wir auf alle Zweideutigkeiten, Unbestimmtheiten und selbst Widersprüche in diesen Sätzen aufmerksam machen wollten. Schon der nächste (5.) Satz z. B. gäbe wieder zu manchen Bemerkungen Anlaß.*) „Die göttliche Offenbarung", lautet er, „ist unvollkommen und daher dem fortdauernden und unabschließbaren Fortschritt unterworfen, der dem Fortschritte der menschlichen Vernunft zu entsprechen habe." Also die göttliche Offenbarung ist im Gegentheil vollendet! Jetzt erst oder gleich von Anfang? Schon durch Christus oder erst durch die Apostel? Sie ist nicht des Fortschritts fähig, um etwa dem Fortschritte der menschlichen Vernunft correspondiren zu können! Da scheint aber der Papst selbst sich nicht an seinen Satz gehalten zu haben. Das Dogma von der Immaculata conceptio z. B. ist doch kaum von Christus selbst gelehrt worden, ebenso wenig unsers Wissens von einem der Apostel, und auch ihren Nachfolgern ist lange gar nichts davon in den Sinn gekommen. Da ist nun nur die Alternative möglich: Entweder gehört dieses neue Dogma auch zur göttlichen Offenbarung, dann war diese nicht schon vollendet gegeben, sondern mußte lange darauf warten, oder die Offenbarung ward ursprünglich vollendet gegeben, dann kann dieses Dogma keine wirkliche Glaubenslehre, d. h. göttliche Offenbarung sein. Und wiederum: Entweder war dieses neue Dogma für das menschliche Bedürfniß, d. h. den menschlichen Geist dieser spätern Zeiten geeignet und berechnet, und dann wird doch anerkannt, daß die Offenbarung mit dem menschlichen Geiste fortzuschreiten habe, oder es befriedigte kein Bedürfniß des menschlichen Geistes und der Verhältnisse, dann war es überflüssig und blos Werk der Willkür — und von dieser ist es doch sonderbar, wenn sie sich auch für göttliche Offenbarung ausgibt! Wir könnten in dieser Weise fortfahren, jeden Satz zu expliciren, wollen aber davon abstehen und uns lieber zum nächsten, dem zweiten Paragraphen wenden.

Der zweite Paragraph mit dem Titel „Gemäßigter Ra-

---

*) Divina revelatio est imperfecta et iccirco subjecta continuo et indefinito progressui qui humanae rationis progressui respondeat.

tionalismus" ist mit seinen Sätzen hauptsächlich gegen die Lehre des Professors Frohschammer in München gerichtet, die derselbe in seinen Schriften: „Einleitung in die Philosophie", dann „Ueber die Freiheit der Wissenschaft" und in der philosophischen Zeitschrift „Athenäum" (Bd. I) vorgetragen, Schriften, die darum insgesammt auf den römischen Index kamen und noch überdies durch ein besonderes Schreiben des Papstes an den Erzbischof von München-Freising (11. Dec. 1862) verdammt und verboten wurden. Aus ebendiesem Schreiben sind nun die Sätze der Encyclica genommen und aus einem andern, das sich im folgendem Jahre (21. Dec. 1863) an dieses anschloß, sich auf die münchener Versammlung katholischer Theologen bezog und die Lehren des frühern neuerdings einschärfte und noch erweiterte. Es ist dieser Paragraph mit seinen Sätzen deshalb von besonderer Wichtigkeit, weil er am meisten die menschliche Vernunft und Wissenschaft einschränkt und bindet, dieselbe vollständig unter kirchliche Herrschaft stellt und eigentlich unmöglich macht. Denn nicht blos Resultate werden da verworfen vom Papste, sondern der Wissenschaft, der Vernunft wollen Grenzen der Forschung abgesteckt werden, und es soll ihr ein ganzes Gebiet geschichtlicher Thatsachen geradezu verschlossen sein, nämlich das der sogenannten specifisch christlichen Lehren. Es wird ferner von der Wissenschaft selbst Unterwerfung gefordert und sogar Princip und Methode wird ihr kirchlich vorgeschrieben in der Weise, daß sie an die Scholastik festgebannt werden soll — und also nicht blos keine neue Wahrheiten von der Wissenschaft gefunden werden dürfen, sondern selbst Beweise für alte Wahrheiten entweder gar nicht oder wenigstens nicht neu gefunden zu werden das Recht haben. Es geschieht also hier der Wissenschaft gegenüber genau das, was in der Encyclica selbst dem Staate gegenüber geschieht. Wie dort vollständige Unterordnung des Staats unter die Kirche und deren Befehle gefordert wird, so hier dasselbe von der Wissenschaft. Die Kirche bestimmt die Grenzen, innerhalb welcher die Staatsgewalt sich zu bewegen hat, welches deren Rechte sind, resp. welche noch übrigbleiben, wenn die Kirche an sich genommen, was sie für die ihrigen selbstmächtig und einseitig erklärt hat, und sie bestimmt zugleich, wie der Staat seine Rechte und seine Gewalt zu gebrauchen hat — denn sie ist die höhere, unmittelbar göttliche Macht und Autorität. Hier bestimmt der Papst der Wissenschaft gegenüber, welches deren Gegenstände, deren Grenzen, Princip und Methode sein sollen, welches ihre Resultate sein müssen und was sie als Wahrheit festzuhalten und zu vertheidigen hat und mit welchen Beweisen es geschehen muß, den scholastischen nämlich. Er schreibt auch der Wissenschaft den Dienst vor, den sie der Kirche zu leisten hat, wie es zuvor dem Staate gegenüber geschah. Daher auch hier nicht blos die wissenschaftlichen Forscher, sondern die Wissenschaft selbst zur Unterwerfung unter die kirchliche Autorität (den Papst mit seinen Theologen) aufgefordert wird, wie zuvor der Staat und die Staatsverfassung selbst, nicht blos die Staatsbürger und die Fürsten, insofern sie Bekenner des religiösen (katholischen) Glaubens sind.

Man hat dem Papste, wahrscheinlich gerade in Bezug auf die in Frage stehenden Sätze, den Vorwurf gemacht, daß er die Philosophie und die menschliche Vernunft verdamme. Die Vertheidiger des Papstes und Beschwichtiger des Publikums, z. B. Dupanloup, Bischof von Orleans, haben das höchlich in Abrede gestellt. In der That kann man das auch nicht so geradezu und unbedingt behaupten; der Papst vertritt hier und in seinen sonstigen Erlassen die Scholastik und die Grundsätze der Hauptverfechter der Scholastik in der neuern Zeit, der Jesuiten. Die Scholastiker nun und die Jesuiten verdammen nicht die Philosophie und nicht die Vernunft überhaupt, und also thut es auch der Papst nicht, sondern er verdammt nur die neuere, nichtscholastische Philosophie und die selbständig und freiforschende Vernunft. Die Philosophie ist der kirchlichen Autorität sehr willkommen zur Vorbereitung für den Glauben und zur Vertheidigung desselben gegen dessen Gegner, und die Vernunft muß thätig sein, damit eben ein vernünftiger Gehorsam gegen die Autorität möglich werde und damit man den als schuldig erkennen und möglicherweise bestrafen kann, der diesen Gehorsam, diese Unterwerfung nicht leistet. Die Philosophie muß als Magd der Theologie dienen, und so muß sie doch einigermaßen Verstand (ratio) haben, denn eine unverständige Magd könnte ja kaum einen ordentlichen Dienst leisten. Nur keinen eigenen Willen darf sie haben als eben den, mit allem, was sie weiß und thut, sich zu unterwerfen. All das geschieht aber nur in der Vorhalle, in das Heiligthum selbst kann und darf die Vernunft nicht eintreten; sie kann nur sogenannte natürliche metaphysische Wahrheiten erkennen, z. B. daß Gott ist, daß er Einer ist, daß eine Seele ist, daß sie unsterblich ist und dergleichen; eigentlich christliche Wahrheiten aber kann und darf die Vernunft und Philosophie nicht zum Gegenstand der Forschung machen und nicht erkennen. Wenn sie es gleichwol thut oder unternehmen will, dann wird sie rationalistisch; ebenso wenn sie jene natürlichen metaphysischen Wahrheiten erkennt, hierauf aber sich nicht der kirchlichen Autorität unterwirft. Ueberhaupt kann Vernunft und Philosophie den Rationalismus nur durch Unterwerfung vermeiden und durch vollständige Bescheidung in Bezug auf gewisse kirchliche Dogmen oder mysteriöse Lehren. Sie darf in Bezug auf diese weder behaupten, daß sie nicht seien, noch darf sie sagen, daß auch diese Gegenstand ihrer Forschung seien, oder gar daß auch sie erkennbar sein müssen. Wo Vernunft und Philosophie etwas derartiges behaupten, da sind sie rationalistisch, und jedermann, der etwas von diesen nicht annimmt oder nicht verwirft, der ist ein Rationalist, mag er sonst denken und glauben, was und wie immer. Darum wird der Begriff des Rationalismus jetzt so weit ausgedehnt. Man kann kühn behaupten, daß Christus selbst nach heutigem Maßstab mit seinen Lehren, wie sie die Evangelien berichten (selbst das vierte Evangelium kaum ausgenommen), des Rationalismus beschuldigt, als Rationalist kirchlich censurirt würde; denn was er sagt und als das einzig Nothwendige lehrt und gebietet, das ist klar und einfach, wendet sich an den gesunden Geist und ernsten Willen seiner (größtentheils theologisch nicht gebildeten) Zuhörer. Er lehrte kaum irgendetwas, was ihn vom Vorwurf des Rationalismus vor den Augen der kirchlichen Censoren befreien könnte. Er lehrt nichts von der Immaculata conceptio seiner Mutter und also auch nicht, daß daran zu glauben nothwendig sei, wenn jemand das ewige Heil und Leben erreichen wolle. Er lehrt auch nichts von seiner eigenen übernatürlichen Empfängniß und Geburt, nichts von der mystischen Vereinigung der göttlichen und menschlichen Natur u. s. w. in der Weise, wie die spätern kirchlichen Vorsteher nach langen Streitigkeiten, unter viel gegenseitigem Haß und Verfolgung es festsetzten, und fortwährend den christlichen Glauben vermehrten unter fortwährender Verminderung der christlichen Liebe. Er versäumte also gerade das klar vorzutragen und für den Glauben einzuschärfen, was man später für das Wichtigste erklärte, ohne dessen unbedingte gläubige Annahme es kein Heil für den Menschen gebe. Daß dem wirklich so sei, daß Christus selbst nach heutigem kirchlichen Maßstab des Rationalismus bezichtigt würde, das könnte leicht durch eine Probe constatirt werden. Es trete z. B. jemand auf und erkläre, daß er nur das annehme, glaube und befolge, was Jesus selbst gelehrt und durch sein Beispiel zur Nachahmung aufgestellt habe, sonst aber nichts — so würde er alsbald nicht blos für einen Rationalisten erklärt, sondern geradezu als ein unwürdiges Mitglied der Kirche aus derselben ausgestoßen werden. Sein Glaube an Jesus und dessen Lehre, seine Befolgung der Lehren und seine Nachahmung des Lebens Jesu würde ihm nichts helfen. Man würde es durchaus nicht gelten lassen, daß damit das geleistet sei, was vor allem noththue, sondern würde ihm als weit nothwendiger und wichtiger das vorschreiben und aufbringen, was dunkel und unklar im Leben Jesu selber ist und was die folgenden Zeiten erst nach ihrer Weise gedeutet und festgestellt haben. Es würde ihm auch gar nichts helfen, wenn er etwa sagen wollte: Was Jesus selbst gelehrt, muß doch das Wichtigste, ja das allein Entscheidende sein, denn sollte er eine göttliche Offenbarung verkündet und gerade das Wichtigste verschwiegen haben? Oder sollte er eine göttliche Offenbarung dem Volke verkündet haben und gerade den Sinn derselben verhüllt und das Wichtigste unklar angegeben, das Unwichtige aber klar gesagt und bringend vorgeschrieben haben? Und sollte die Heilige Schrift, sollten die Evangelien, wenn sie doch vom göttlichen Geiste inspirirt sind, gerade das Unwichtige klar und deutlich wiederholt und eindringlich enthalten, dagegen aber das Wichtigste gar nicht, oder nur sehr verhüllt, dunkel, vieldeutig und auf lange Streitigkeiten angelegt? Das ist nicht wahrscheinlich, ist gegen alle Natur und allen Zweck der Offenbarung, also muß das das eigentlich Wichtige, Entscheidende sein, was klar und deutlich von Christus gelehrt und in den Evangelien enthalten ist, nicht aber das was dunkel, unbestimmt, vieldeutig ist, weil, wenn dieses das Wichtigste, der eigentliche Offenbarungsinhalt wäre, Christus selbst gewiß es klar und deutlich geoffenbart, gelehrt und vorgeschrieben hätte. Würde er in dieser oder ähnlicher Weise sich zu vertheidigen und zu rechtfertigen suchen, es hälfe ihm nichts, er würde dennoch, trotz seines noch so gläubigen und innigen Anschlusses an Jesus und seine Lehre, als Ungläubiger betrachtet und als unwürdiges Glied der Kirche aus derselben ausgestoßen. Soll er ihnen da nicht erwidern: Ihr habt jüngst mehrtägige Andachten angeordnet, um Gott gleichsam Abbitte zu leisten wegen der Verunglimpfungen, die ihm durch Renan's „Leben Jesu" widerfahren seien, wann werden denn jene Andachten stattfinden, die Gott um Verzeihung bitten wegen solch indirecter Verunglimpfung, die Jesus von euch selbst dadurch fort und fort widerfährt, daß ihr seine eigene Lehre wie eine rationalistische, ihn selbst indirect wie einen Rationalisten betrachtet?

Fassen wir nun die einzelnen Sätze selbst noch ein wenig ins Auge. Bei dem ersten (8.) derselben wollen wir uns nicht aufhalten; er betrifft die theologische Wissenschaft, die natürlich unbedingt in der Gewalt der kirchlichen Autorität ist und von je gewohnt war, sich nach deren Befehlen zu richten. Sonderbar ist übrigens, daß die „menschliche Vernunft" (ratio humana) einerseits und die Religion (religio) andererseits einander entgegen und in Vergleich gestellt sind. Man sollte meinen, die Religion müsse doch auch eine Vernunftbethätigung sein, und ohne oder abgesehen von der Vernunft sei religiöser Glaube gar nicht möglich, daher die theologische Wissenschaft gerade an dieses rationale Moment, das auch im Glauben ist, anknüpfen müsse. Uns scheint,

Vernunft und Glaube lassen sich so wenig einander streng gegen=
überstellen, als Wille und moralisches Handeln, da doch der
Glaube, — der würdige Glaube, nur eine Art Function der
Vernunft sein kann und soll, wie das moralische Handeln eine
Bethätigung des Willens ist. Ist das nicht der Fall, dann muß
hier unter Religion etwas ganz Eigenthümliches zu verstehen sein!
Von großer Wichtigkeit, besonders für die Stellung der
Philosophie in der katholischen Kirche ist der folgende (9.) Satz\*):
„Alle Dogmen der christlichen Religion sind ohne Unterschied
Object der natürlichen Wissenschaft oder Philosophie; und die
menschliche Vernunft, nur historisch gebildet, kann aus ihren
eigenen natürlichen Kräften und Principien zu einer wahren Er=
kenntniß aller, auch der verborgenern Glaubenssätze gelangen,
wenn dieselben nur der Vernunft als Object vorgestellt sind."
Dieser verworfene Satz ist weit bedeutender und folgenreicher für
die Philosophie, als es auf den ersten Blick scheinen mag. Der
Sinn davon ist, daß die menschliche Vernunft und Philosophie
aus dem Gebiet der eigentlich christlichen Glaubenslehren ganz
ausgeschlossen, dieses ihr als ganz unzugänglich und als aus=
schließliche, specielle Domäne der Theologie oder eigentlich der
kirchlichen Autorität erklärt ist. Die Folgen davon sind unschwer
einzusehen. Die Philosophie ist dann immer nur Dienerin der
Theologie, die im Vorhof zu verweilen hat und die vom Höchsten
und Wichtigsten nichts versteht, sondern sich ihm als einem Un=
verstandenen und für sie stets Unverstehbaren zu unterwerfen hat.
Man sieht, daß dadurch das Uebergewicht und die Herrschaft der
kirchlichen Autorität und ihrer Theologie für immer der Wissen=
schaft gegenüber gesichert ist. Sie schreibt dieser vor, womit sie
sich beschäftigen darf und womit nicht, und vermag sie dadurch

---

\*) Omnia indiscriminatim dogmata religionis christianae sunt ob-
jectum naturalis scientiae seu philosophiae; et humana ratio historice
tantum exculta potest ex suis naturalibus viribus et principiis ad veram
de omnibus etiam reconditioribus dogmatibus scientiam pervenire, modo
haec dogmata ipsi rationi tanquam objectum proposita fuerint.

in gehöriger Einschränkung und Unterordnung zu halten. Sie selbst, die kirchliche Autorität, bescheidet sich keineswegs in Bezug auf diese geheimnißvollen Dogmen (dogmata reconditiora), sondern gibt gar viele Bestimmungen darüber, und endlose theologische Streitigkeiten sind über dieselben schon geführt worden, die viele Folianten füllen, sodaß demnach doch die Vernunft der Menschen sich damit befassen darf, da doch dieselben nicht wohl ohne Vernunft können geführt worden sein, und der göttliche Geist selber auch kaum an all diesen Streitigkeiten statt der Vernunft sich wird betheiligt haben! Eine wahre, wirkliche Religionsphilosophie, welche die Religion in all ihren Formen, Erscheinungen, Lehren und Cultushandlungen ohne Unterschied, also als menschliche und historische Thatsache in ihrem Grund und Wesen, ihrer Bedeutung und ihrem Endziel zu erforschen hat, wäre hiernach schlechterdings nicht mehr zulässig; denn wenn alle Religionen mit ihren Lehren und Einrichtungen erforscht werden dürften, so wäre doch die christliche oder wenigstens die katholische davon ausgenommen, und es müßte daher diese Lücke bleiben und das Urtheil über sie entweder suspendirt oder von außen her, von der kirchlichen Autorität, wie eine bloße Vorschrift an- und aufgenommen werden. Selbst eine Philosophie der Geschichte wäre diesem Satze zufolge für den Katholiken unmöglich und unzulässig, denn auch eine solche fordert doch vor allem, daß die Seele der ganzen menschlichen Geschichte, das Wesen der Religion genau erforscht und in seiner Bedeutung gewürdigt werde; und es ist selbstverständlich, daß zu diesem Behufe nicht etwa nur die unvollkommenen Formen der Religion erforscht werden, sondern vor allen die wichtigste, vollkommenste und einflußreichste, die christliche; und diese wiederum nicht blos nach ihren Aeußerlichkeiten, sondern nach ihrem innersten Wesen, also auch in ihren mysteriösen Lehren und Cultushandlungen. Ob diese von der menschlichen Vernunft vollständig erkannt werden können, darauf kommt dabei noch gar nichts an, sondern nur darauf, daß auch sie Gegenstand menschlicher Forschung sein dürfen, wie die Natur, die Geschichte und Gott selbst als solch ein Gegenstand betrachtet werden. Wo dies verboten wird, da sind diese wichtigsten philosophischen Disciplinen unmöglich gemacht und der menschlichen Wissenschaft durch ein Machtgebot eine Schranke gesetzt, die ihre Rückwirkung auch auf alle übrigen philosophischen und selbst naturwissenschaftlichen Disciplinen äußern muß, also der Wissenschaft überhaupt die hemmendste Schranke setzt und die empfindlichste Lücke in ihr verursachen muß. Und sonderbar wäre es doch, wenn der Mensch in allem urtheilen und forschen dürfte, nur im Wichtigsten seine größte Gabe, die Vernunft zu gebrauchen nicht befugt wäre!

Wir geben zu, daß jede Religion um ihrer Einheit und Wirksamkeit willen ein Gebiet unumstößlicher, unantastbarer Lehren und Vorschriften haben müsse; nicht minder, daß jede wirkliche Religion auf einem mystischen, nicht ganz erforschbaren Grund sich aufbaue und dahin sich wieder verliere; denn die Religion ist nicht blos Sache des Verstandes und Willens, sondern auch des Herzens, des Gemüths. Aber jenes Gebiet unumstößlicher, unantastbarer Lehren können nicht gerade die dunkeln, unverstandenen oder unverständlichen Lehren oder Dogmen sein, sondern vielmehr nur die klaren, allen einleuchtenden, das praktische Leben göttlich bestimmenden und veredelnden Lehren und Vorschriften. Und in Betreff dieser ist Anerkennung, Einheit und Uebereinstimmung der Menschen auch unschwer zu erlangen und zu bewahren, wenn nicht eine zu arge Verwüstung und Verbildung der Seelen zuvor stattgefunden hat. Da sie allen leicht einleuchten in ihrer Wahrheit und in ihrer praktischen Wichtigkeit und Nothwendigkeit, so brauchen sie nicht mit Gewalt aufgezwungen und aufrecht erhalten zu werden, sie erhalten sich selbst durch ihre Klarheit und beweisen ihre Wahrheit beständig durch ihre Festhaltung und Befolgung im Leben. Solcher Art sind die Lehren, die Jesus selbst verkündet und vorgeschrieben hat und die in den Evangelien enthalten sind. Werden dagegen die dunkeln, geheimnißvollen, unverständlichen Lehren als das Wesentlichste vorgeschrieben, ihre Annahme gefordert und allgemeine Uebereinstimmung in Betreff derselben verlangt, so kann das, der Natur der Sache gemäß, nur durch den Befehl einer äußerlichen Autorität, nur durch geistigen Zwang und allenfalls auch physische Gewalt erzielt werden. Denn wie sollten anders die Menschen veranlaßt werden können, über das ganz gleich zu denken und in Uebereinstimmung zu bleiben, was sie nicht verstehen, und wie sollten nicht verschiedene Meinungen, abweichende Deutungen sich geltend machen über das, was dunkel, räthselhaft ist und doch in das gläubige Bewußtsein als Wahrheit aufgenommen werden muß? Soll da doch Annahme und noch dazu Einheit, Uebereinstimmung in derselben stattfinden, so kann dies nur durch fortwährende äußerliche Vorschrift, durch Befehl und Zwang geschehen. Es muß die Vernunft beständig im Zaume gehalten werden, daß sie nicht zu denken anfange über diese mysteriösen Lehren, denn dazu wird ihr kein Recht eingeräumt, dann muß sie beständig gezwungen werden, daß sie gleichwol diese Lehren nicht ganz von sich ablehne und auf sich beruhen lasse, und endlich muß die Vernunft beständig bestimmt und genöthigt werden nur in einer bestimmten Weise von diesen Lehren zu denken oder nicht zu denken, damit allgemeine Uebereinstimmung herrsche. Jedermann sieht, welch ein gezwungener, unnatürlicher Zustand dies ist! Daß man nicht aus den klaren und wirklich wichtigen Lehren nothwendige Vorschriften machte, sondern die dunkeln, unverständlichen und unerforschlichen Dogmen zu Zwangslehren gestaltete, das ist wol der hauptsächlichste Grund der vielen Streitigkeiten und Gewaltthätigkeiten, des vielen Hasses und der gegenseitigen Verdammung, welche uns die Geschichte der christlichen Kirche zeigt. Und das ist wol der Hauptgrund, warum das Wesen des Christenthums, die Liebe so tief verkannt und so vielfach mißachtet wurde, gerade um des Glaubens willen. Man kann zugeben, daß für die intellectuelle Entwickelung der Menschheit diese Streitigkeiten manche Förderung brachten, obwol sie auch wieder durch endlich fixirte Formeln vielfache Hemmung der Wissenschaft bereiteten — jedenfalls der praktischen Bethätigung des Christenthums, der Realisirung der Idee desselben waren sie vielfach, ja oft in enormer Weise hinderlich. Und die Wahrheit des Christenthums wäre gewiß vor der Welt viel mehr bewiesen und klar geworden durch einfache Verkündung des Klaren und Unbestreitbaren, das Jesus gelehrt, und durch praktische Befolgung desselben, als durch so viele lieblose Streitigkeiten und gegenseitige Verdammungen. Das Dunkle, Mysteriöse in der Religion kann kein Gegenstand der Vorschrift und des Zwanges sein, denn es kann niemand in die Seele genöthigt werden und hat ohne innere Erfahrung keine Bedeutung. Es muß ein Gebiet der Freiheit, der subjectiven Erfahrung, der innern Bethätigung und Fortbildung des religiösen Lebens sein und bleiben. Weit eher als durch Vorschriften und Zwang erschließt sich dieses Gebiet der Menschenseele durch treue Annahme und Befolgung der klaren, einfachen Lehren, zu deren Annahme es keiner künstlichen Veranstaltung und keines beständigen Zwanges bedarf und über die nicht beständige Streitigkeiten nothwendig oder auch nur möglich sind. Wann endlich, wann wird die Gemeinde der wahren, echten Jünger Jesu sich bilden, die seine Lehre und sein Leben sich zur Vorschrift und zum Vorbild nehmen und die nicht mehr den Glauben zum wilden Fanatismus gestalten! Die nicht mehr meinen, das Wesen des Christenthums zeige sich hauptsächlich in leidenschaftlichem Eifer für Verbreitung und Aufzwingung dessen, was dunkel und vieldeutig und daher beständig Veranlassung zum Streite, zur gegenseitigen Verfeindung ist, und den christlichen Glauben immerfort zum Motiv des Hasses, statt der Liebe macht — indem eine angebliche Liebe zur Wahrheit (d. h. des Unverstehbaren und für menschliche Vernunft Unangemessenen) den Haß, die Verfolgung gegen die Personen rechtfertigen soll!

Wie der vorige Satz die Freiheit oder das Recht der Wissenschaft dadurch beschränkte, daß der menschlichen Vernunft ein ganzes Gebiet historisch überlieferter, von der Autorität verkündeter und zur Annahme vorgeschriebener Lehren verschlossen ward, so hebt der folgende (10.) Satz dieses Recht der Philosophie dadurch auf, daß von derselben Unterwerfung gefordert wird und zwar Unterwerfung der Philosophie selbst als Wissenschaft, nicht blos des Philosophen als Person. Es wird nämlich der Satz verworfen\*): „Da etwas anderes der Philosoph und etwas anderes die Philosophie ist, so hat jener zwar das Recht und die Pflicht, sich der Autorität zu unterwerfen, die er selbst als die wahre durch Prüfung erkannt hat; die Philosophie kann weder noch soll sie einer Autorität sich unterwerfen." Wie also zuvor Staat und Regierung selbst der kirchlichen Autorität gegenüber zur Unterwerfung aufgefordert wurden, nicht blos die Fürsten und Staatsleiter als Personen, die einen bestimmten Glauben bekennen und religiöse Bedürfnisse und Pflichten haben und erfüllen, — so wird hier dasselbe von der Philosophie gefordert, nicht blos von den Philosophen als Personen; als Personen, die außerdem, daß sie philosophiren, nach philosophischer Erkenntniß streben, die sie nur allmählich erringen können, auch einen religiösen Glauben bekennen und einem religiösen Cultus obliegen. Man will diese Forderung damit rechtfertigen, daß sich Philosophie und Philosoph gar nicht trennen oder so unterscheiden lassen, daß der Philosoph sich unterwerfen könnte ohne zugleich die Philosophie zu unterwerfen und hinwiederum die Philosophie nicht Unterwerfung verweigern könnte, ohne daß der Philosoph nicht auch ununterworfen bliebe. Wenn die religiöse Autorität, der Papst, nicht blos die Resultate der Philosophie zu prüfen, sondern derselben sogar auch Princip und Methode vorzuschreiben hat, dann freilich ist ein solcher Unterschied unmöglich und die Philosophie wie der Philosoph können nach solchen Grundsätzen der Unterwerfung nicht entgehen. Allein wer immer von der Wissenschaft wirklich einiges Verständniß hat, der wird einsehen, daß eine solche Forderung völlig sinnlos ist. Wie die kirchliche Autorität etwa dem Künstler einen Auftrag geben und ihn zur Thätigkeit, zur Realisirung eines Kunstwerks und insofern der Kunst veranlassen und dadurch ihm ein gewisses Ziel seiner Kunstübung bestimmen kann, nimmermehr aber damit der Kunst selbst Vorschriften geben und Wesen und Methode der-

---

\*) Quum aliud sit philosophus, aliud philosophia, ille jus et officium habet se submittendi autoritati, quum veram ipse probaverit; at philosophia neque potest, neque debet ulli sese submittere autoritati.

selben bestimmen darf, weil eben die kirchliche Autorität davon nichts versteht und nicht die Aufgabe hat über Kunst zu lehren und sie zu leiten, so auch verhält es sich mit der Wissenschaft überhaupt, also auch mit der Philosophie. Die Kirche ist keine wissenschaftliche Behörde und Gesetzgeberin, sie versteht davon nichts, kann daher auch keine Vorschriften geben und keinen Gehorsam fordern. Die Wissenschaft ist unabhängig, hat nur ihren eigenen Gesetzen zu folgen, nicht von außen, von unwissenschaftlichen Mächten gegebenen Vorschriften. Der Philosoph aber kann sich persönlich möglicherweise doch unterwerfen, insofern er ethische Person ist — freilich nicht insofern er die Idee der Wissenschaft realisirt, also Forscher ist. Ist doch das Verhältniß zwischen Staat und Wissenschaft ein ähnliches. Der Jurist z. B., der nicht blos geist- und urtheilslos die gegebenen Verhältnisse, wie sie sind, wiedergibt, ohne weiter zu denken und zu prüfen, der denkende Jurist kann sich eine Theorie bilden von der Staatsverfassung oder irgendeinem Zweige des Rechtslebens, die mit der bestehenden Verfassung, dem bestehenden Rechte nicht in allen Punkten übereinstimmt. Das ist sein Recht, dafür ist er da, daß er über Verfassung und Recht denkt und das Bestehende prüft, das Mangelnde erkennt und das Bessere aufsucht. Darum braucht er aber noch lange kein Revolutionär zu sein; er wird sich, insofern er bürgerliche Person ist, der bestehenden Ordnung fügen, unterwerfen, auch wenn er nicht alles daran gutheißen kann — und er wird dies so lange thun, als nicht durch gesetzliche Organe die nothwendige Veränderung zur Verbesserung vorgenommen ist. Aber seine Theorie und die Wissenschaft wird er darum keineswegs dem Bestehenden unterwerfen, er wird sie nicht gegen seine bessere Einsicht und den Gesetzen der Wissenschaft entgegen nach jenem umgestalten, sondern sie behaupten und fortbilden, um eine Reform zu erwirken und jenen, die mit der Verbesserung in gesetzlicher Weise beauftragt werden, durch seine Theorie eine Vorarbeit zu liefern und sie wissenschaftlich zu unterstützen. So sehen wir hier, wie der wissenschaftliche Forscher von dem Staatsbürger sich unterscheidet und wie die Wissenschaft, die Theorie sich von der bürgerlichen Person ganz wohl unterscheiden läßt. Und das bleibt richtig und berechtigt, auch wenn alle Theologen das Gegentheil behaupten und der Papst ihnen beistimmt. Caesar non est supra Grammaticos. Freilich im Kirchenstaat und überall, wo die römische Theorie zur Anwendung gebracht würde, da möchte es ebenso als unzulässig erachtet werden, daß ein Jurist eine Staats- und Rechtstheorie ausbilde und bekannt mache, die nicht vollständig mit der bestehenden, wenn auch noch so unvollkommenen und schädlichen Einrichtung übereinstimmt! Da ist dann allerdings auch mein Vergleich unverständlich und ohne Ueberzeugungskraft, da ist aber auch jede Verbesserung in Wissenschaft und Praxis ausgeschlossen, und das Volk ebenso um den Gebrauch der Vernunft, wie um die Wohlthat vernünftiger bürgerlicher und politischer Ordnung gebracht und nur ein abnormer, schließlich unhaltbarer Zustand geschaffen — wie das bekanntlich auch die Erfahrung bestätigt. Im kirchlichen Gebiete wird es, wenn die Grundsätze der Encyclica streng aufrecht erhalten würden, in Bälde zur gleichen Unhaltbarkeit der Zustände kommen.

Die Verwerfung des folgenden Satzes (11) schließt die Forderung in sich, daß die Kirche (Papst und Index-Congregation) gegen die Philosophie einzuschreiten befugt sei, die Irrthümer derselben nicht dulden und es ihr nicht selbst überlassen dürfe, sich zu corrigiren. Wir meinen, daß kaum jemand der Kirche das Recht bestreiten werde, die Resultate und Aufstellungen der Philosophie zu prüfen, ob sie mit ihrer Lehre in Uebereinstimmung seien oder nicht, und ihr Urtheil, ihre Billigung oder Mißbilligung auszusprechen. Welches Recht, gegen die Philosophie einzuschreiten, der Papst aber sonst noch haben soll, wenn doch auch Wissenschaft einmal als zulässig und zu Recht bestehend anerkannt wird, ist nicht wohl einzusehen. Soll es verboten werden, die Resultate der Philosophie bekannt zu machen? Aber dann ist es, als ob gar keine Philosophie existirte und zu Recht bestünde! Oder soll die Philosophie, wenigstens der Philosoph gezwungen werden, anderes als Resultat philosophischer Forschung zu verkünden als er wirklich gewonnen hat, nämlich genau die

Glaubenssätze und alle theologischen Meinungen? Aber das ist ein Mißbrauch der Philosophie, den man zu Gunsten des Glaubens übt, der diesem selbst zuletzt nachtheilig werden muß. Und wer soll und kann die Philosophie corrigiren, wenn man dies nicht ihr selbst überläßt? Der Papst? Aber dann muß der Papst schon im Besitz der wahren Philosophie sein und braucht sie dann nur zu verkünden! Doch die Philosophie ist jedenfalls nur eine menschliche Wissenschaft, und die Päpste und die andern kirchlichen Würdenträger verstehen vielleicht nur zu oft gar wenig oder soviel wie nichts davon. Wie sollen sie denn also die Philosophie (als Wissenschaft) corrigiren können? In dem 13. Satze freilich nimmt sich der Papst heraus, auch die wissenschaftlichen Gesetze, die Principien und die Methode der Philosophie zu bestimmen, indem er es verbietet, die scholastischen Ansichten hierüber zu kritisiren und als wissenschaftlich ungeeignet, dem Fortschritt der Wissenschaft hinderlich sie zu bezeichnen. So soll also die Wissenschaft bei der Scholastik festgebannt bleiben, und gleichwol wird uns in der 12. These wiederum auch verboten, zu behaupten, solche Vorschriften und Bestimmungen des Papstes und der römischen Congregationen seien dem freien Fortschritt der Wissenschaft hinderlich. Die Wissenschaft also hat sich den päpstlichen Vorschriften stumm und schweigend zu unterwerfen und muß den Rückschritt oder Stillstand für Fortschritt und noch dazu für freien Fortschritt halten! Diese Freiheit der Wissenschaft besteht eben, sagen uns die Vertreter des römisch-jesuitischen Systems, darin, daß sie durch die kirchliche Autorität beherrscht und dadurch von allem Irrthum befreit, von allem Irrthum frei erhalten wird — eine Freiheit, die ungefähr der moralischen Freiheit des Gefangenen gleicht, die ihm dadurch gesichert wird, daß er durch seine Gefangenschaft gehindert wird, Böses zu thun. Und wodurch alles muß sich nun die Wissenschaft bestimmen lassen! Nicht genug daß im 14. Satze verboten wird, sie ohne Rücksicht auf die übernatürliche Offenbarung zu behandeln, und also vorgeschrieben wird, daß sie sich beständig durch die übernatürliche Offenbarung bestimmen lasse, — in der 22. These wird noch weit mehr gefordert. In dieser wird nämlich folgende Behauptung verdammt *): „Die Verbindlichkeit, durch welche katholische Lehrer und Schriftsteller unbedingt gebunden sind, beschränkt sich nur auf das, was vom unfehlbaren Urtheil der Kirche als Glaubenssatz aufgestellt wird und von allen gläubig angenommen werden muß." Was nun das eigentlich ist, was außer den eigentlichen Glaubenssätzen die katholischen Schriftsteller und Lehrer noch weiter bindet und beschränkt, das ist in einem Schreiben**) des Papstes ausführlich und deutlich genug auseinandergesetzt. Dort wird ebenfalls behauptet, daß es nicht genüge für die wissenschaftlichen Forscher, wenn sie nur ausdrücklich erklärten Dogmen Glauben und Gehorsam gewähren***), sondern daß dieser Gehorsam auch auf das sich zu erstrecken habe, was durch das ordentliche Lehramt der über den ganzen Erdkreis zerstreuten Kirche als göttlich geoffenbart überliefert werde. Außerdem aber müssen die wissenschaftlichen Forscher sich auch unterwerfen (se subjiciant) den Entscheidungen, welche die päpstlichen Congregationen verkünden als zur Lehre gehörend, und ebenso auch jenen Lehren, welche durch allgemeine und constante Uebereinstimmung der Katholiken festgehalten werden.

An das alles also ist der katholische Forscher und die katholische Wissenschaft gebunden, das alles muß als Norm dienen, um

---

*) Obligatio, qua catholici magistri et scriptores omnino adstringuntur, coarctatur in iis tantum, quae ab infallibili Ecclesiae judicio veluti fidei dogmata ab omnibus credenda proponuntur.
**) An den Erzbischof von München-Freising vom 21. Dec. 1863. Tuas libenter.
***) Dabei wird unverblümt den römischen Päpsten ebenso wie den allgemeinen Concilien die Macht zugeschrieben, durch ihre Decrete Glaubenssätze zu machen, also auch den Päpsten selbst dogmatische Unfehlbarkeit vindicirt: „Namque etiamsi ageretur de illa subjectione, quae fidei divinae actu est praestanda, limitanda tamen non esset ad ea, quae expressis oecumenicorum Conciliorum aut Romanorum Pontificum, hujusque Apostolicae Sedis decretis definita sunt etc." Der Papst steht also den allgemeinen Concilien mindestens ganz gleich!

sich daran zu orientiren, und durch dies alles ist, wie uns scho=
lastisch=jesuitische Sophisterei versichert, die wahre Freiheit der
Wissenschaft bedingt und gesichert! Wo ist denn Freiherr von Ket=
teler, der Bischof von Mainz? Er trete auf und erkläre uns,
wie es denn komme, daß er vor einigen Jahren in seiner beson=
ders von ultramontaner Seite vielgerühmten und vielverbreiteten
Schrift: „Freiheit, Autorität und Kirche" (Mainz 1862), in
dieser Beziehung etwas ganz anderes lehrte? In dieser Schrift
spricht sich der Bischof auf das bitterste gegen jene aus, welche
behaupten, innerhalb der katholischen Kirche sei freie Forschung
gar nicht gestattet und wahre Wissenschaft nicht möglich. Und
speciell in Bezug auf die Geltung der Lehrautorität der Kirche
gegenüber der Wissenschaft spricht er sich so aus: „Die Lehr=
autorität der Kirche bezieht sich ausschließlich nur auf die Lehre
Christi und der Apostel. Christus hat sich nicht über alle Ge=
biete menschlicher Erkenntniß und Wissenschaft ausgesprochen, son=
dern er hat sich darauf beschränkt, einen gewissen Kreis von Grund=
wahrheiten, insbesondere über das Verhältniß des Menschen zu
Gott, zu lehren, die ihnen gewissermaßen als Leitsterne auf allen
Wegen ihres irdischen Lebens dienen sollten. Die Apostel haben
diese Grundsätze in der ganzen Welt gepredigt und sind diese
Grundwahrheiten des Christenthums ihrem wesentlichen Inhalte
nach in den zwölf Artikeln des apostolischen Glaubensbekennt=
nisses kurz zusammengefaßt; diese zwölf Artikel bilden heute noch
in allen Lehrbüchern der katholischen Religion den wesentlichen
Inhalt dessen, was der Christ im Gehorsam gegen die Lehrauto=
rität glauben muß. Alles andere auf allen Gebieten der
Wissenschaft ist seiner freiesten Forschung überlassen."
(S. 173—174.) So der Bischof von Mainz. Man vergleiche
nun dies mit dem, was der Papst für die Wissenschaft vorschreibt,
und man wird leicht den vollständigen, schreienden Widerspruch
erkennen. Da wir nun nicht annehmen können, daß der Bischof
von Mainz nicht aufrichtig geredet, sondern es etwa auf Täuschung
und Köderung der Menschen abgesehen habe, so bleibt nichts übrig
als anzunehmen, daß derselbe die römische Ansicht gar nicht kannte,

oder daß er sie zwar kannte, aber nicht für die allgemeine, sondern nur für eine Parteiansicht hielt. Im ersten Falle ist offenbar, daß die jetzt vom Papst als kirchlich und katholisch verkündeten Grundsätze nicht in der allgemeinen und constanten Uebereinstimmnng der Katholiken und nicht einmal im Bewußtsein des allgemeinen ordentlichen Lehramts der Kirche, worauf er sonst, wie wir sahen, so viel Gewicht legt, vorhanden war, sondern diesem erst durch dies Schreiben aufoctroyirt wird, wodurch also gerade diese allgemeine Uebereinstimmung, resp. Nichtübereinstimmung mißachtet erscheint. Denn wie sollte ein Bischof nicht wissen, was in der allgemeinen Uebereinstimmung der Katholiken als katholische Lehre angenommen ist oder was das ordentliche Magisterium als solche festhält und vorträgt! Im zweiten Fall aber ist wiederum offenbar, daß dasjenige, was bisher nur als eine Parteiansicht galt, nun als allgemeine Lehre und Norm der Kirche geltend gemacht und vorgeschrieben und durch eine Partei die päpstliche Autorität ausgebeutet und für ihre Zwecke misbraucht wird.\*).

Der dritte Paragraph ist, wie wir schon früher sahen, der Verdammung der Andersgläubigen gewidmet. Es sollte eben, wie es scheint, alles was es nur immer Gehässiges bei der extremen katholischen Richtung gibt, und alles, was nur immer den Katholicismus der Welt verhaßt machen kann, getreulich aufgebracht und aller Welt ins Angesicht geschleudert werden. Ein Recht der Verdammung hat wol kein Mensch dem andern gegenüber, und die Bekenner der verschiedenen Religionen sollten schon darum von gegenseitigen Verdammungen ablassen, weil die Hauptsache doch immer die Aufrichtigkeit und Ehrlichkeit der Ueberzeugung und der

---

\*) Auch in andern Punkten steht das genannte Buch des Bischofs von Ketteler mit der päpstlichen Encyclica in Widerspruch, woraus deutlich hervorgeht, daß es sich wirklich darum handelt, eine bisher nicht allgemein gültige, sondern nur als Parteiansicht bestehende Richtung zur allgemeinen zu machen, das bisher Particulare also nunmehr plötzlich und gewaltsam zum Katholischen zu erheben!

ernste und gute Wille ist, Gott die Ehre zu geben und die Pflichten gegen die Menschen zu erfüllen. Ehrlichkeit, Sittlichkeit, bona fides einander ohne weiteres abzusprechen, haben die Bekenner verschiedener Religionen kein Recht, am wenigsten die der christlichen Religionen. Jede Religion, selbst eine unvollkommene will Gott wirklich die Ehre geben und will dem wirklichen Gott Ehre, Anerkennung und Gehorsam zollen. Wie sehr sie factisch fehlgreifen, ihre Absicht ist lobenswerth, ihr Wille geht auf das Wahre und Gute. Wenn sie in Irrthum sind, so berechtigt das noch nicht, sie zu verdammen, und sie werden nicht eines bessern belehrt und nicht bekehrt durch Verfluchung, sondern dadurch, daß ihnen das Bessere nicht blos in Wort, sondern auch durch die That gezeigt wird.

Im vierten Paragraphen werden der Socialismus, Communismus, die geheimen Gesellschaften, die Bibelgesellschaften und die klerikal-liberalen Gesellschaften erwähnt und wird bemerkt, alle diese Pesten seien schon oft mit den strengsten Ausdrücken verworfen worden. Die Bibelgesellschaften also und die Verbrüderungen liberaler Kleriker werden mit Communismus und Socialismus auf Eine Stufe gestellt, in Eine Klasse zusammengeworfen und in gar liebevoller Weise eine Pest genannt!\*)

Besonders umfassend ist der fünfte Paragraph (19—38), der von den Irrthümern in Betreff der Kirche und ihrer Rechte handelt. Da dies derselbe Gegenstand ist, der den Inhalt der Encyclica selbst bildet, dem wir schon im Obigen einige Beleuchtung angedeihen ließen, so können wir auch über diesen Paragraphen kurz hinweggehen, uns mit einigen Bemerkungen begnügend. Es wird eben in allen Sätzen die Ansicht verworfen, daß der Staat der Kirchengewalt irgendwie eine Beschränkung auferlegen, derselben irgendetwas einreden, gebieten oder verbieten könne. Es wird die Behauptung allenthalben geltend gemacht, daß die Kirche eine wahre, vollkommene und gänzlich freie Societät sei mit eigenen,

---

\*) Ejusmodi pestes saepe gravissimisque verborum formulis reprobantur.

unabänderlichen Rechten, die ihr vom göttlichen Stifter selbst übertragen seien, und die nur sie, die Kirche selbst zu bestimmen hat, nicht der Staat, sowie auch nur die Kirche selbst, nicht die Staatsgewalt die Grenzen zu bestimmen hat, innerhalb welcher sie diese Rechte üben darf. (19.) Man beachte wohl, was in diesem 19. Satze alles verworfen und gefordert ist von der Kirchengewalt. Ich wiederhole: Es ist nicht blos die vollständige Freiheit oder Unabhängigkeit der Kirchengewalt vom Staate ausgesprochen, sondern auch die vollständige Unterordnung der Staatsgewalt unter die Kirchengewalt, sobaß jene nur so viel Rechte noch behält, als diese ihr übrigzulassen für gut findet, da nur sie, nicht aber der Staat die Grenzen beider Gewalten und Rechte zu bestimmen berechtigt sein soll, der Staat vielmehr der unmittelbar göttlich gesetzten Kirchengewalt in dieser Beziehung gar nichts einreden und vorschreiben kann. Die Kirchengewalt braucht daher für ihre Anordnungen gar keine Erlaubniß und Zustimmung der Staatsgewalt und es ist verwerflicher Irrthum dies zu fordern; sowie ihr (dem Papst und den Bischöfen) auch sonst keinerlei Einschränkung vom Staate widerfahren darf. Dagegen hat der Staat jene Religion als allein wahre anzuerkennen, welche die Kirche ihrer Vollmacht gemäß dogmatisch dafür erklärt (21), und er hat dieser zu gestatten, auch Gewalt anzuwenden (24), d. h. wie wir früher sahen, er hat ihr in dieser Beziehung Dienste zu leisten. Im Einklang hiermit wird dann gefordert, daß der Klerus den Staatsgesetzen nicht unterworfen werde und die frühere Immunität desselben in Bezug auf Personen und Güter in Geltung bleibe. Die Aufhebung derselben, Aufhebung des besondern kirchlichen Gerichts in zeitlichen Proceßsachen der Geistlichen, seien es Civil- oder Criminalsachen, wird als verdammlicher Irrthum bezeichnet. (30—32.)

Der sechste Paragraph (39—55) führt die Ueberschrift „Irrthümer über den Staat (societas civilis) sowol an sich als in seinen Beziehungen zur Kirche betrachtet". Die Thesen desselben beziehen sich ebenfalls zum großen Theil auf dieselben Gegenstände, mit denen sich schon die Encyclica selbst und die frühern Paragraphen beschäftigten, namentlich der vorhergehende, nur in anderer Wendung. Unter anderm wird auch verboten, zu behaupten, daß die Lehre der katholischen Kirche dem Wohle und Nutzen der menschlichen Gesellschaft widerstreite, also ebenso, wie früher es verboten ward (12) zu sagen, daß die Decrete des römischen Stuhls und der Congregationen dem freien Fortschritt der Wissenschaft hinderlich seien. Auch der Staat also darf, wie die Wissenschaft, bei aller Beschränkung und Beherrschung nicht murren und sich beklagen, sondern muß sich einbilden, daß dies zu seinem Besten gereiche, auch wenn die Thatsachen noch so sehr dawider streiten und wenn namentlich der Kirchenstaat durchaus zu beweisen scheint, daß diese römischen Grundsätze nicht eben die für die bürgerliche Gesellschaft förderlichsten seien — wie die Wissenschaft trotz aller Beschränkung sich einbilden und sagen muß, daß sie frei sei und Fortschritte mache, obwol sich in Rom unter der vollständigen Herrschaft der Kirche nichts weniger als große Fortschritte in der Wissenschaft, insbesondere nicht in der Theologie und Philosophie zeigen! Wenn nun aber jemand diese Thesen beim Wort nähme und sagte: „Die Lehre der Kirche ist weder der Wissenschaft und ihrem Fortschritt noch dem Besten des Staats und dem Nutzen der bürgerlichen Gesellschaft entgegen", das ist zuzugeben und gestehen wir auch bereitwillig zu, da nun aber die Grundsätze dieser Encyclica und ihres Syllabus sowol der Wissenschaft schaden und ihren Fortschritt hemmen, wie die Thatsachen bezeugen, als auch dem Staate und der bürgerlichen Gesellschaft hinderlich und schädlich sind, — so können also diese Grundsätze, soweit sie schädlich sind, nicht die wirkliche wahre Lehre der Kirche sein — er würde wol schwerlich, angesichts der Thatsachen, des Unrechts, zu zeihen sein.

Besondere Aufmerksamkeit müssen in unsern Tagen und Verhältnissen jene Sätze erregen, die sich auf Erziehung und Unterricht beziehen, insbesondere die, welche die Volksschule und die Bildung des Klerus betreffen. Dem Grundsatze gemäß, der diese ganze päpstliche Kundgebung durchbringt, daß die kirchliche Autorität auf alle menschlichen Verhältnisse und Thätigkeiten bestimmend einzuwirken, in allem drein= und mitzureden habe, und des Staates Hauptaufgabe die sei, die kirchliche Gewalt zu schützen und deren Anordnungen zu vollziehen, — nach diesem Grundsatze, sage ich, läßt sich schon von vornherein erwarten, daß in Bezug auf Unterricht und Bildung ihre Ansprüche die ausgedehntesten, bestimmtesten sein würden. Vor allem natürlich wird für die theologische Bildung und klerikale Erziehung die vollste Unab= hängigkeit in Anspruch genommen, damit die künftigen Kleriker vollständig nach der Norm und im Geiste des hierarchischen, jetzt speciell des römisch=jesuitischen Systems, d. h. nach den Grund= sätzen ebendieser Encyclica gebildet und darin festgebannt werden können. Für diesen so gebildeten, ganz in die ultramontane Richtung hineingeschulten und möglichst sehr vom römischen Geist durchdrungenen Klerus wird dann wiederum die Volksschule, die Jugend des Volks in Anspruch genommen, um auch diese mit demselben Geiste zu erfüllen, oder wenigstens durch dieselben Grundsätze zu schulen und zu binden. Dadurch kann es gar nicht anders geschehen, als daß nach und nach ein ganzes Volk, wenigstens soweit es nicht zu einer höhern Bildung gelangen kann, also in den untern Klassen von klerikalem, statt von christ= lich=religiösem Geiste durchbrungen, geistig ganz vom Klerus be= herrscht und bestimmt wird, sobaß die Seelen ganz und gar von der Kirche, d. h. vom Klerus in Besitz genommen, dem Staate nur noch die Leiber gelassen sind. Dadurch wird die kirchliche Gewalt die eigentlich herrschende, als solche auch in das Bewußt= sein des Volks vom Klerus eingeführt, und wenn die Gelegenheit kommt, auch sicher als solche geltend gemacht. Da es nun so ist, so muß sich für den Staat ein ähnlicher Gedankengang, aber in entgegengesetzter Richtung aufdrängen und müssen entgegen= gesetzte Forderungen gestellt werden. Wenn nämlich der Klerus auf die Schulen des Volks einen bestimmenden, beherrschenden Einfluß ausüben und dadurch den größten Einfluß auf das Volks= und Staatsleben selbst gewinnen und besitzen will, so kann es gar nicht anders sein, als daß auch der Staat seiner= seits darauf achte und untersuche, nach welchen Grundsätzen, in

welchem Geiste hinwiederum der Klerus selbst gebildet und er=
zogen werde. Es ist unmöglich für einen Staat, der innerlich
gesund und kräftig bleiben und seine Selbständigkeit und Maje=
stät behaupten will, zu gestatten, daß in ihm eine ganze große
Klasse von Bürgern, und zwar gerade die auf das ganze Volk
einflußreichste Klasse, in Anstalten gebildet werde, auf welche er
nicht den mindesten Einfluß üben kann, ja nach Grundsätzen er=
zogen und geschult werde, die denen des Staatslebens vielfach
widerstreiten. Geradezu selbstmörderisch aber erscheint es,
wenn diesem ganz unabhängig vom Staate gebildeten,
ja nach einem dem modernen Staatsleben durchaus
feindlichen System erzogenen Klerus zudem noch die
Volksschule und damit die Jugend des Volks unbedingt
zur Bildung überlassen oder preisgegeben ist, sobaß er
das Volk nicht blos durch die kirchliche Einwirkung, sondern
auch noch durch die Schule vollständig in seiner Gewalt hat und
beherrschen kann. Der Gedankengang für den Staat stellt sich
demgemäß so: Wenn der Klerus auf die Schule und damit auf
das Volk einen tiefgehenden Einfluß erlangen und bewahren soll,
so muß hinwiederum auch dem Staate von der Kirche gestattet
sein, die theologischen Schulen zu prüfen und die Erziehung und
Bildung der Kleriker zu überwachen, damit dieselben nicht in
einem dem modernen Staatsleben feindlichen kirchenpolitischen
Systeme gebildet, mit einem der Wissenschaft und modernen Ci=
vilisation feindseligen Geiste erfüllt werden und dadurch dann
auf das Volk selbst einen schädlichen, den Staat gefährdenden Ein=
fluß üben. In dem Maße als die kirchliche Autorität sich wei=
gert, dem Staate irgendein Recht zu gestatten, einen Einfluß auf
die Bildung der Kleriker auszuüben, in dem Maße muß die Staats=
autorität sich weigern, die Volksschule der Leitung und über=
mächtigen Beeinflussung des Klerus zu überlassen, wenn er sich
nicht selbst in seiner Selbständigkeit und seinem Verfassungsleben
untergraben will. Man möchte vielleicht geneigt sein, einzuwen=
den, daß die Gefahr des klerikalen Einflusses auf die Jugend
und die Beherrschung des Volks durch den staatsfeindlich gebil=

beten Klerus nicht mehr so groß sei in unsern Tagen, da die Gebildeten und die Presse auch beständigen Einfluß auf dasselbe üben und dadurch den Klerikalen hinlänglich paralysiren können! Es mag Wahres daran sein, doch ist dieser Einfluß der Presse zum großen Theil selbst wieder ein klerikaler oder vom Klerus beherrschter, und die Gebildeten üben auf den größten Theil des ungebildeten Volks weit weniger Einwirkung als man denkt, theilweise schon deswegen, weil derselbe oft mit Vorurtheilen und Abneigung gegen die gebildeten Klassen erfüllt wird, mitunter gerade durch den Klerus selbst. Wie dem aber auch sei, jedenfalls muß ein ganz heilloser Zwiespalt im geistigen Leben eines Volks nach und nach sich bilden, wenn einerseits der in ganz römisch-hierarchischen Grundsätzen erzogene, bildungs- und regierungsfeindlich gemachte Klerus, und der Staat und die Gebildeten andererseits nach entgegengesetzten Grundsätzen auf dasselbe Volk wirken. Da kann kein gesundes geistiges Leben des Volks für die Dauer bestehen und das Vertrauen zur einen oder zur andern Autorität, oder zu beiden zugleich muß erschüttert werden.

Wie ein Theil der Encyclica selbst, so sind auch ein paar Sätze des Syllabus (52—53) der Verdammung sogenannter staatlicher Eingriffe in das kirchliche Recht in Betreff der Orden und dem Schutze desselben gewidmet. Es wird zuerst der weltlichen Regierung das Recht abgesprochen, die Erreichung eines bestimmten Alters bei weiblichen und männlichen Personen für Ablegung der Klostergelübde vorzuschreiben und den Anspruch zu erheben, daß jemand feierliche Gelübde nicht ohne ihre Erlaubniß ablegen dürfe. Hierauf wird die Behauptung verdammt, daß die Gesetze zum Schutze der Ordensgemeinschaften aufzuheben seien; und ebenso wird die Behauptung verdammt, daß die weltliche Regierung denen Hülfe gewähren dürfe, welche das klösterliche Leben wieder verlassen und ihre Gelübde brechen wollen. Der Papst scheint also allen Ernstes zu fordern, daß noch jetzt die Aeltern ermächtigt sein sollen, ihre kaum geborenen Kinder dem Kloster zu widmen und die Bewußtseins-, Urtheils- und Willenlosen zu den freiwilligen Gelübden zu zwingen, sie also als Geopferte (Oblaten) darzubringen, Frömmigkeit auf Kosten anderer und mit Mißachtung von deren heiligsten Rechten übend. Und es soll, wie es scheint, ferner gestattet sein, daß augenblickliche Stimmung, künstlich hervorgerufene religiöse Ueberspanntheit urtheilsloser Kinder ohne Welt-, Selbst- und Menschenkenntniß benutzt, daß der alsbald über sie zu erlangende moralische Zwang ausgebeutet werde, um sie zu einem Schritte zu verleiten und zu einem Lebensberufe für immer zu verbinden, für den sie sich vielleicht bei reiferm Urtheil und nach vernünftiger Ueberlegung nicht geeignet erkennen und dann das unselige Gefühl verfehlten Lebens und verlorenen Lebensglücks für immer zu ertragen haben!

Uns scheint, zu dem, was den modernen Staat auszeichnet und verdient gemacht hat, gehöre auch dies, daß er, ohne geradezu ein Verbot zu erlassen und ins kirchliche Gebiet einzugreifen, doch auch in diese Verhältnisse des religiösen Lebens Vernunft, Billigkeit und Menschlichkeit gebracht hat, die von der kirchlichen Autorität, wie sich hier klar zeigt, niemals wären zu erwarten gewesen.

Wir übergehen den siebenten Paragraphen; da dessen Hauptinhalt schon im Obigen Berücksichtigung fand. Ebenso den achten, der die „Irrthümer über die christliche Ehe" enthält. Vom neunten: „Irrthümer über die weltliche Gewalt des römischen Papstes", erwähnen wir blos der Sonderbarkeit wegen den 75. Satz, der also lautet: „Ueber die Vereinbarkeit der zeitlichen Gewalt (des Papstes) mit der geistlichen sind die Söhne der christlichen und katholischen Kirche miteinander in Streit." Da dieser Satz, der ein sicheres Factum ausspricht, als Irrthum verdammt ist, so ist es demnach verboten, eine offenbare Thatsache zu behaupten, und ist zu einer historischen Unwahrheit die Verpflichtung auferlegt, oder es muß angenommen werden, daß diejenigen, welche diese Vereinbarkeit der weltlichen Herrschaft mit der geistlichen nicht unbedingt zugeben, ebendeshalb gar nicht mehr als zur katholischen Kirche gehörig, also als „Ketzer" zu betrachten seien. Dann muß aber die weltliche Herrschaft des Papstes geradezu als Glaubenssatz, als Dogma betrachtet werden, und das Wort

Christi: „Mein Reich ist nicht von dieser Welt", hat fürwahr eine sonderbare Auslegung gefunden!

Der zehnte (letzte) Paragraph verdammt „die Irrthümer, die sich auf den heutigen Liberalismus beziehen" (77—80). Es wird da noch einmal die Behauptung verdammt, daß es heutzutage nicht mehr fromme, die katholische Religion als die alleingeltende Staatsreligion zu behaupten mit Ausschluß aller andern Culte. Ebenso wird die Gewissens= und die Preßfreiheit nochmals verworfen. Der achtzigste, letzte Satz endlich faßt den Sinn der ganzen päpstlichen Kundgebung in einen Grundsatz zusammen, um die Stellung des römischen Papstes der ganzen modernen Zeitrichtung und Strebung gegenüber möglichst bestimmt und entschieden zu bezeichnen und das unversöhnliche Verwerfungsurtheil darüber auszusprechen. Wir müssen dieser Thesis darum eine besondere Betrachtung widmen.

## III.
### Der achtzigste Satz des Syllabus.

Unter allen „verdammten" Sätzen hat wol dieser am meisten jene Vertheidiger der Encyclica in Verlegenheit gesetzt, die sie nicht unbedingt nach ihrem klaren, vollen Sinne zur Geltung bringen, sondern möglichst mildern, umdeuten, abschwächen wollen, um sie mit dem Zeitbewußtsein einigermaßen in Harmonie zu bringen und die Gemüther zu beruhigen. Der Satz lautet\*): „Der römische Papst kann und soll mit dem Fortschritt, mit dem Liberalismus und der neuen Civilisation sich versöhnen und verbinden." Wenn da Versöhnung und Verbindung mit Fortschritt, Liberalismus und Civilisation verworfen wird, so will das, meint man, noch nicht sagen, daß der Fortschritt, der Liberalismus,

---

\*) Romanus Pontifex potest ac debet cum progressu, cum liberalismo et cum recenti civilitate sese reconciliare et componere.

die Civilisation selbst unbedingt und in jeder Beziehung verworfen werden soll. Auch klammert man sich an das Wörtchen „neuere" bei Civilisation (recenti civilitate), um der Verwerfung im absoluten Sinne zu entgehen, ohne zu bedenken, daß dies Wörtchen jedenfalls bei „Fortschritt" und „Liberalismus" nicht vorkommt. Andere suchen sich damit zu helfen, daß sie sagen: „Fortschritt, Liberalismus und Civilisation" seien sehr unbestimmte Worte, und man könne daher dem Satze keine schroffe, unbedingte Bedeutung beilegen. Vergebens! Die Worte haben eine sehr bestimmte Bedeutung, der Papst spricht nicht wie ein Fabler, der selbst nicht recht weiß, was er sagt, und jedenfalls sagen die vorausgehenden 79 Sätze klar und ausdrücklich genug, was mit diesem letzten Satze gemeint ist; er ist nur die letzte, entschiedenste Zusammenfassung, die Concentrirung alles Vorausgehenden. Was auch Dupanloup, der Bischof von Orleans, und andere sagen mögen, es ist ein vollständiger, entschiedener Bruch des Papstthums mit dem ganzen modernen Bewußtsein und Leben gemeint mit der Verdammung dieses Satzes, gegenüber den Versöhnungsversuchen zwischen Fortschritt und Liberalismus, welche die liberalere Richtung im Katholicismus in neuerer Zeit gemacht hat. Man nehme sich nur einmal die Mühe, die „Civiltà cattolica", die Zeitschrift der Jesuiten und also der in Rom herrschenden oder den Papst beherrschenden Richtung, etwas näher anzusehen, um jeden Zweifel über den wahren Sinn der Encyclica und des Syllabus überhaupt und dieses letzten Satzes insbesondere zu beseitigen.

Da dem so ist, so ist unschwer vorauszusehen, welche Wendung die Sache nehmen wird. Da das römische Papstthum dem Fortschritt, dem Liberalismus und der daraus hervorgehenden Civilisation sich unversöhnlich entgegenstellt und einen Krieg auf Leben und Tod damit zu beginnen sich entschlossen erklärt, so wird hinwiederum die Wissenschaft und Bildung der neuern Zeit auch ihrerseits nicht mehr blos diese oder jene Lehre des römischen Papstthums bestreiten, diese oder jene Forderung desselben ablehnen, sondern das römische Papstthum als solches zum Gegenstand der Bekämpfung wählen. Der Papst behauptet, unmittelbar göttlich eingesetzt zu sein und in unmittelbar göttlicher, von Christus selbst gegebener Vollmacht zu sprechen und zu gebieten. Da wird es sich also vor allem um diese unmittelbar göttliche Einsetzung und diese unmittelbar göttliche Vollmacht selber handeln, infolge welcher der Papst sich für berechtigt hält, die menschliche Geschichte selbst in ihrer Entwickelung aufzuhalten, den Fortschritt zu verbieten und den Menschen alle Güter, die daraus hervorgehen, zu entziehen. Es wird eine furchtbare Prüfung des göttlichen Ursprungs des römischen Papstthums selbst auch bei den Katholiken angestellt werden und es wird sich bald zeigen, ob es diese bestehen, für die Dauer aushalten kann. Anfänge hiervon zeigen sich schon jetzt, und es möge mir gestattet sein, eine vorläufige Probe hier kurz anzuführen.

Es waren jüngst mehrere Freunde versammelt, Katholiken insgesammt, und wissenschaftlich gebildet. Die Rede kam selbstverständlich auf die Encyclica und den Syllabus, und es ward die Sache hin und her besprochen. Einer davon aber, von freiem Geiste und gewohnt offen mit der Sprache herauszugehen, ließ sich schließlich also vernehmen: „Je mehr ich über dieses römische Papstthum nachdenke und Untersuchung anstelle, desto mehr drängt es sich mir auf, daß es um die so sehr, so laut in Anspruch genommene und betonte göttliche Gründung und Vollmacht desselben schwach und unsicher bestellt sei. Ich wundere mich nicht darüber, daß das Papstthum in Rom entstanden und diese große welthistorische Macht geworden ist — durch die Kraft der Ideen und der Verhältnisse sind auch anderwärts große, lange dauernde historische Mächte entstanden, — sondern darüber vielmehr muß ich fortwährend erstaunen, daß es möglich war, der Annahme seiner göttlichen Stiftung diese theologische Begründung, wie sie üblich ist, zu geben, dieselbe zur Anerkennung zu bringen und in derselben noch immer zu erhalten. Denn man überlege nur: worauf gründet sich des römischen Bischofs Anspruch auf die oberste Herrschaft in der ganzen Kirche und die Behauptung einer unmittelbar göttlichen Uebertragung dieser Herrschaft gerade an den römischen Bischof und keinen andern? Darauf, wird man sagen, daß Christus selbst dem Petrus Auszeichnung und Vorrang vor allen übrigen Aposteln gewährt hat, und der Bischof von Rom der Nachfolger des Petrus ist, da Petrus hier den Märtyrertod erlitten hat. Eine kühne Beweisführung fürwahr, die sich in großen Sprüngen fortbewegt! Oder ist das so selbstverständlich, daß, wenn Petrus wirklich den Vorrang vor den Aposteln hatte, dieser Vorrang und zugleich die Herrschaft (über die andern Bischöfe, die Petrus offenbar nicht hatte) auch auf seine Nachfolger in Rom überging? Und daß gerade der römische Bischof der wahre Nachfolger des Petrus war, auf den seine Vorrechte übergingen? Wo ist davon in der Schrift das mindeste angedeutet, wo spricht Christus nur mit einem Wort oder einer Anspielung davon, daß der Vorrang des Petrus nach Rom übertragen werden und dort verbleiben sollte? Nirgends. Das wäre aber doch fürwahr eine sonderbare göttliche Offenbarung, wenn gerade das, was als das Wichtigste, als das Fundament der ganzen christlichen Kirche gelten und von allen, die des Heils des Christenthums theilhaftig werden sollten, anerkannt werden mußte — wenn gerade diese göttliche Mission und Vollmacht Roms von Christus selbst gar nicht erwähnt, gar nicht einmal angedeutet werden sollte! Wie sollte Christus das minder Wichtige ausdrücklich ausgesprochen, befohlen, angeordnet haben und gerade das für alle Zukunft seiner Kirche Allerwichtigste gar nicht einmal erwähnt haben, da er doch voraussehen mußte, daß daraus viel Streit und Ungewißheit entstehen würde? Oder wie sollte der göttliche Geist, wenn Jesus wirklich von Rom und der künftigen Stellung seiner Bischöfe als Nachfolger Petri sprach, nicht veranlaßt haben, daß dies um seiner so entscheidenden Wichtigkeit willen auch klar und unzweideutig in den Evangelien aufgezeichnet werde, da doch soviel unwichtigere Dinge aufgezeichnet sind (wie der Glaube festhält) unter Inspiration des göttlichen Geistes? Wenn also auch wirklich Petrus einen Vorrang vor den übrigen Aposteln hatte — auch dies ist nicht so evident und zweifellos sicher, wie es sein müßte, wenn auf diesen Vorrang so Ungeheueres für die Zukunft gegründet werden sollte — jedenfalls ist damit nicht im mindesten angedeutet, daß auch sein Nachfolger gleichen Vorrang haben oder vielmehr einen unendlich größern erlangen solle; und noch weniger ist gesagt, daß Rom göttlich dazu bestimmt sei, diesen wahren Nachfolger zu haben. Christus sagte von Rom nicht Ein Wort, und der göttliche Geist inspirirte nichts davon. Auch die Apostel sprechen nichts von Rom und seiner immensen, alles entscheidenden Bedeutung für die christliche Kirche, für das Werk, das sie fortzuführen und auszubreiten und für die Zukunft möglichst zu befestigen hatten; nicht Paulus spricht von diesem außerordentlichen Vorrang Roms, resp. seines Bischofs, nicht Johannes, Petrus selbst sagt nichts davon, obwol er von andern Dingen viel spricht. Und doch mußte Roms Bestimmung ihm als das Wichtigste, weil für die Zukunft der Kirche so Ent= scheidende erscheinen und ihn sicher in seinem ganzen Bewußt= sein durchbringen, in seinem Streben leiten, — wenn er den speciellen göttlichen Auftrag hatte, in Rom den Mittelpunkt und die Herrschaft in der Kirche zu gründen. Selbst daß Petrus in Rom war und dort starb, ist nicht einmal eine sichere, unbestreit= bare Thatsache, sondern der nähern Untersuchung bieten sich sehr große Schwierigkeiten dar, dies zu constatiren und zu beweisen. Also selbst das, was man jetzt und seit lange gleichsam als Cen= tralbogma und Fundament alles andern geltend macht, die Macht des römischen Bischofs, als des Nachfolgers Petri — beruht auf einer nicht ganz sichern, historisch nicht klar beweisbaren That= sache. Wiederum: ist es denkbar, ist es glaublich, daß die ganze christliche Offenbarung und Kirche auf Rom gegründet werden sollte, auf den Nachfolger Petri in Rom, und daß dennoch es nicht einmal mit menschlichem, geschweige mit göttlichem Zeugniß zur Gewißheit erhoben ward, daß Petrus daselbst war und seinem Nachfolger seine Macht hinterlassen habe? Je mehr man die christliche Offenbarung für göttlich hält, um so mehr ist es unwahrscheinlich, daß Rom, daß dem römischen Bischof durch unmittelbar göttlichen Auftrag und Vollmacht die Stellung und Herrschaft zuertheilt ward, die er später errang und jetzt noch behauptet. Da alle andern göttlichen Anordnungen offenbar und laut verkündet wurden und das Wichtigste auch schriftliche Aufzeichnung fand, so konnte diese Stellung und Vollmacht des römischen Bischofs, der, wie man jetzt annimmt, die eigentliche Säule und Grundfeste der göttlichen Offenbarung werden sollte, nicht unerwähnt bleiben, nicht unbezeugt gelassen werden, ohne dadurch alle übrige Offenbarung aufs schwerste für alle Zukunft zu gefährden und schwankend, unsicher zu machen. Zwar führt man eine Stelle der Schrift als Zeugniß an, daß Petrus wirklich in Rom war; nämlich aus dem ersten Briefe Petri 5, 13, wo es heißt: «Es grüßt euch die Kirche, die in Babylon erwählt ist, und Markus mein Sohn.» Babylon erklärt man hier für Rom, um den gewünschten Sinn zu erhalten. Allein, warum sagt er nicht klar und deutlich Rom, warum Babylon, das geeignet war in der Folge zu vielen Misverständnissen Anlaß zu geben und der Stellung Roms vielmehr Erschütterung zu bereiten statt Befestigung zu gewähren? Der göttliche Geist, der die Schrift inspirirte, mußte dies sicher verhindern, wenn Rom wirklich die Stellung zugedacht war durch göttliche Anordnung, die es später allmählich errang. Doch angenommen, Petrus sei wirklich in Rom gewesen und dort gestorben, ist darum schon sicher und wie eine göttliche Wahrheit constatirt, daß nun sein Nachfolger in Rom seinen Vorrang erbte und die Herrschaft in der christlichen Kirche überkam? Warum gerade sein Nachfolger in Rom, warum nicht lieber der in Antiochia, da für einen Aufenthalt des Petrus daselbst ebenso viel Zeugnisse sprechen wie für den in Rom, wenn sie auch, wie die für letztern einigermaßen unsicher sind? Der Nachfolger in Antiochia konnte um so eher Anspruch darauf machen, die Stellung oder den Vorrang des Petrus einzunehmen, da ihn dieser zuverlässig selbst bei seinem Abgang als seinen Nachfolger bestellte, während in Rom nach dem Tode des Apostels der Nachfolger desselben erst von der Gemeinde gewählt ward, wie es von da an üblich war. Hatte die Gemeinde das Recht und die Macht, den Vorrang des Petrus auf den von ihr gewählten Bischof (göttlich) überzutragen? Oder durch welchen mysteriösen Vorgang gingen denn gerade in Rom diese Rechte auf die Bischöfe über? — Wie in der Schrift, so haben auch in der Tradition der ersten Kirche die Ansprüche Roms nicht im entferntesten eine Begründung, wie sie im Verhältniß stünde zu der Bedeutung und Wichtigkeit derselben. Man sucht mühsam aus den Schriften der christlichen Schriftsteller jener ersten Jahrhunderte einige Stellen zusammen, in denen Andeutungen enthalten sind über den Vorrang der römischen Kirche, des römischen Bischofs. Stellen, die doch nur sehr schwache, sehr unbestimmte Andeutungen enthalten und erst durch Hin- und Herzerren für den Zweck hergerichtet werden müssen, aber natürlich nie so festgestellt werden können, daß sie nicht wieder anders gedeutet werden könnten. Nun denke man sich diesen schwachen Zeugnissen gegenüber die ungeheuere Bedeutung der Ansprüche Roms. Vom ganzen Christenthum soll der nichts besitzen, der nicht vor allem Rom anerkennt; das ganze Werk Jesu soll für den nicht da sein, der es nicht in gehorsamer Unterwerfung aus den Händen des Papstes empfangen will; Gott selbst soll der nicht zum Vater haben können, der die Kirche, — und man versteht darunter die römische — nicht zur Mutter hat oder haben will. Existirt das ganze Christenthum nicht ohne den Papst, ist diese göttliche Stiftung für die Menschheit, für jeden einzelnen nur da durch den römischen Bischof, der dann eigentlich von sich sagen kann: Ich bin der Weg, die Wahrheit und das Leben — so müßte wenigstens, sollte man denken, diese Stellung und Bedeutung von Anfang an genugsam bezeugt, allgemein anerkannt, über allen Zweifel erhaben sein, statt in einigen kümmerlichen Sätzen nur Andeutung zu finden! — Man pflegt allerdings zu sagen, die Kirche sei ein Organismus und habe sich als solcher auch entwickelt; daher nicht schon am Anfang die ganze Gliederung mit dem Haupte klar und deutlich gegeben sein, sondern erst allmählich gewonnen werden konnte. Ich weiß, dies Gleichniß vom Organismus wird viel gebraucht und soll aus allen Verlegenheiten und Schwierigkeiten helfen. Allein man bedenke doch, daß sonst die Gliederung klar genug in der frühesten Zeit schon vorhanden war, und daß es doch nicht das Eigenthümliche der vollkommenen organischen Bildungen ist, daß der Kopf zuletzt und spät sich erst klar und deutlich entwickelt. Auch sonst aber hat dieses Gleichniß seine Gefährlichkeit und man sei behutsam in der Anwendung desselben auf Rom! Die Kirche soll ein großer Organismus sein, als dessen Haupt (oder Herz?) die römische Kirche, der Papst betrachtet wird. Nun haben sich aber von der römischen Kirche schon große Theile losgerissen, zuerst die orientalische Kirche, dann das halbe Abendland, und doch besteht die katholische Kirche fort und Rom ist deren Haupt. Da kann es jedenfalls mit dem Organismus nicht so streng gemeint sein, mehr nur in der Theorie als in der Wirklichkeit Ernst damit gemacht werden, denn wo so große Theile von einem wirklichen, vollkommenen Organismus sich losgerissen, da kann dieser nicht mehr fortbestehen, es sei denn, daß er von der unvollkommensten Art wäre und sich ohne Gefährdung zertheilen ließe. Aber dann brauchte er auch ein Haupt in so strengem Sinne nicht, wie Rom es zu sein in Anspruch nimmt. Jedenfalls ist hieraus klar, daß das Gleichniß vom Organismus nicht streng zu nehmen sei, und daß nicht zu viel darauf gebaut werden dürfe, und jedenfalls in der Kirche verhältnißmäßig viel Selbständigkeit der Theile und keine ganz wesentliche Verbindung derselben mit dem Centrum und des Centrums mit ihnen anzunehmen sei, sonst hätten nach solchen Trennungen weder diese Theile, noch auch selbst das Centrum lange fortbestehen können.

„Man wird fragen: Wie ist es aber denkbar, wie war es möglich, daß der römische Bischof eine solche Stellung und eine solche Macht in der Kirche erlangt hat, wie er sie thatsächlich besitzt, wenn sie nicht unmittelbar göttlich begründet, nicht von Christus selbst angeordnet und übertragen ward? Allein das ist gar nicht schwer begreiflich und nicht zu verwundern, daß es so gekommen, im Gegentheil müßte man sich mehr wundern, wenn es anders gekommen wäre. Man bedenke nur, daß Rom der politische und zuletzt auch der geistige Mittelpunkt der alten (heidnischen) Welt war, jener Welt, in der das Christenthum sich ausbreitete. Seit Jahrzehnten, Jahrhunderten waren diese Völker,

Städte und Menschen gewohnt, von Rom aus regiert zu werden, von Rom her Befehle zu erhalten, auf Rom ihre Blicke zu richten und von dort her ihre Weisungen zu gewärtigen. Was wunder also, wenn auch der Bischof von Rom bald eine hervorragende Stelle einnahm, wenn sein Wort und Beispiel sehr viel galt und andere Kirchenvorsteher sich gern danach richteten. Sein Ansehen als Bischof von Rom mußte um so mehr sich heben, er mußte als solcher eine um so hervorragendere Stellung einnehmen, als er bald durch Verlegung des politischen Mittelpunktes des römischen Reichs nach Konstantinopel vom Glanz und der Macht des kaiserlichen Hofes und der weltlichen Regierung nicht mehr in den Schatten gestellt ward und nun als erster, wichtigster Mann der alten Welthauptstadt erschien. An Bestrebungen sich geltend zu machen und die so günstigen Verhältnisse zu benutzen, ließen es die römischen Bischöfe auch nicht fehlen, und die Theorie für den wirklichen Thatbestand ließ sich ebenfalls ohne besondere Schwierigkeit bei so günstiger Lage finden und geltend machen. Der Vorrang des Petrus und die Nachricht, daß er in Rom war und da starb, ließen sich zur Idee des Primats verbinden, das historisch sich wie von selbst Gestaltende ließ sich damit christlich verklären, und das natürliche Bedürfniß und Factum für die gläubige Welt zu einer übernatürlichen Anordnung erheben. Als die nördlichen Völker eindrangen und mit Rom in Berührung kamen, war das Ansehen des römischen Bischofs schon befestigt, sein Vorrang schon begründet, und überdies wurden, um ihm noch mehr nachzuhelfen, falsche Berichte verbreitet über frühe Uebung aller geistlichen Machtvollkommenheit durch die römischen Bischöfe, es wurden insbesondere die sogenannten Pseudoisidorischen Decretalen verbreitet und geltend gemacht und fanden bei den unwissenden, aller historischen Kenntnisse vollständig ermangelnden Völkern Glauben und Anerkennung. Unter diesen Umständen also war es gar nicht zu verwundern, daß gerade der römische Bischof die Stellung nach und nach errang, die ihm wirklich zutheil wurde im Abendlande; es wäre, wie gesagt, eher zu verwundern, ja ein wahres Wunder, wenn es nicht so geschehen wäre. Ebendarum aber braucht diese Obergewalt, die sich so unbedingt geltend gemacht hat und so absolutistisch aufgetreten ist und jetzt auftritt, nicht immer so fortzubauern. Nicht als ob ich meinte, der römische Primat sei nun aufzuheben, zu zerstören und die ganze Organisation der katholischen Kirche zu zertrümmern; durchaus nicht. Dieser Primat ist eine historische Gestaltung, durch Verhältnisse und Bedürfnisse hervorgerufen und ist göttlicher Stiftung, d. h. durch Fügung göttlicher Vorsehung entstanden. Nur dieser Anspruch unmittelbar göttlicher Stiftung und Vollmacht, dieser Anspruch auf göttliche Unfehlbarkeit und die daraus entspringende absolutistische Tyrannisirung des geistigen Lebens der Menschheit ist zurückzuweisen. Wenn wir anerkennen müssen, daß das Papstthum der Menschheit, den Völkern große Dienste geleistet, so können wir auch nicht übersehen, daß es manchen Schaden gestiftet, vielfach hemmend in das Völkerleben und dessen Entwickelung eingegriffen hat. Insbesondere in der neuern Zeit findet sich die Initiative für alles Gute und Große nicht mehr bei ihm. Die Wissenschaft mußte sich von ihm losreißen, mußte einen schweren Befreiungskampf ihm gegenüber kämpfen, um aus der Erstarrung zu kommen und sich fortzuentwickeln, und das politische Leben konnte sich nur freier und edler gestalten dadurch, daß es sich von Wissenschaft und Bildung den Impuls geben ließ, nicht mehr von der religiösen Autorität. Und allenthalben verdankt die neuere Menschheit die Befreiung von großen Uebeln und die Erringung großer Güter und Wohlthaten in geistiger und physischer Beziehung nicht mehr dem römischen Papstthum, sondern dem freien geistigen Streben einzelner großen Männer und der ihnen folgenden Völker. So wurde z. B. die europäische Menschheit von jenem absurden Wahn und verbrecherischen Treiben des Hexenglaubens und Hexenverbrennens nicht dadurch befreit, daß der römische Papst sich dagegen erhob und etwa eine feierliche Encyclica dagegen erließ und Kleriker, Regierungen und Laien aufforderte, von diesem Wahne abzulassen, sondern es waren einzelne katholische und protestantische Männer, die zu ihrem unsterblichen Verdienst und Ruhm auf ihre Kosten und Gefahr sich dagegen erklärten und das Uebel zu beseitigen suchten und dadurch die endliche Ueberwindung auch veranlaßten.

„Ich weiß wohl, welch schwere Bedenken man dagegen hat, die unmittelbar göttliche Stiftung des römischen Papstthums, die göttliche Vollmacht, Autorität und Unfehlbarkeit desselben (die in neuerer Zeit so zudringlich behauptet wird) in Abrede zu stellen, zurückzuweisen und nur noch eine mittelbar göttliche Stiftung und Autorität in demselben anzuerkennen. Wir brauchen, heißt es, die unmittelbar göttlich gestiftete Autorität des Papstes als Mittelpunkt der Kirche, um die Einheit derselben zu erhalten, der Zersplitterung, Auflösung vorzubeugen. Wir brauchen dieselbe, um eine fortdauernde sichere Bezeugung und Verkündung der Wahrheit zu haben und Zweifel und Ungewißheit abzuwehren. So hat man schon manches Jahrzehnt, Jahrhundert argumentirt und Roms Ansprüche damit zu vertheidigen und zu begründen gesucht. Allein man erwäge nur auch dieses genauer, und man wird finden, daß es damit nicht so ohne weiteres seine Richtigkeit hat. Die Einheit der Kirche also soll durch diese göttliche Stiftung des römischen Primats bedingt und erhalten worden sein! Man blicke auf die Geschichte und man wird im Gegentheil finden, daß die Ansprüche des römischen Bischofs auf Primat und höchste, absolute Autorität dem Christenthum und der Kirche theuer zu stehen kam, daß ebendeshalb hauptsächlich zuerst der ganze Orient sich trennte, und daß später in der Reformation der Riß veranlaßt und unheilbar wurde, weil nicht der mindeste von allen Ansprüchen aufgegeben werden wollte. Und wenn man auch nicht sagen kann, was mit der Einheit der christlichen Kirche geschehen wäre ohne diese Ansprüche Roms, so ist doch factisch und gewiß, daß dieselben die Einheit nicht erhalten haben, und also aus der Einheit der Kirche keine Begründung für den römischen Primat gewonnen werden kann. Man darf vielmehr sagen, daß wol für je hundert Menschen, die durch Rom in der Einheit der Kirche wirklich erhalten wurden, d. h. ohne dasselbe sich getrennt hätten, mindestens je tausend hauptsächlich um der übermäßigen Ansprüche Roms willen sich davon getrennt haben!

— Aber zur sichern Verkündung und Bezeugung der Wahrheit des Christenthums ist doch der römische Primat als unmittelbar göttliche Stiftung und Autorität nothwendig, wird man sagen. Allein es kommt nur darauf an, was man unter christlicher Wahrheit eigentlich versteht; meint man darunter jene Wahrheiten, die Christus selbst verkündet und anzunehmen und zu befolgen geboten hat, dann ist durchaus in Abrede zu stellen, daß der römische Primat zu ihrer Annahme viel beizutragen vermöge. Die Wahrheiten, die Christus verkündet hat, sind dem Menschen zugleich ins Herz geschrieben, d. h. finden in der gottebenbildlichen Natur der menschlichen Seele ihren Nachklang, gleichsam ihren homogenen Keim und sind insofern derselben verwandt und daher für noch unbefangene Gemüther leicht annehmbar. Von der göttlichen Stiftung und Wahrheit des römischen Primats dagegen steht in der Menschenseele als solcher nichts geschrieben, und es kostet ihr gewiß weit mehr Anstrengung und Ueberwindung, diesen als Wahrheit anzunehmen, als alle übrigen Wahrheiten zusammengenommen. Um so schwieriger ist es, diesen Primat als göttliche Wahrheit anzunehmen, je mehr man die Geschichte desselben kennt und dadurch das viele Ungöttliche weiß, das sich von je mit ihm verbunden hat. Gewiß keine Wahrheit, die Christus lehrte, fordert so viel Selbstverleugnung und Verzichten auf Urtheil, als die Annahme dieses Primats als göttliche Stiftung. Wie soll denn also der römische Primat ein Mittel sein, die Annahme der christlichen Wahrheit zu fördern, da es schwerer ist, ihn anzuerkennen, als die christlichen Wahrheiten selbst? Ebenso wenig kann der römische Primat, wenn er noch soviel göttliche Autorität und Unfehlbarkeit in Anspruch nimmt, einen wirklich denkenden Menschen vor Zweifel und Ungewißheit retten. Wer einmal von Zweifeln ergriffen ist infolge des Denkens, dem kann der römische Papst nicht helfen; denn an der päpstlichen Autorität wird er weit eher und leichter zweifeln, als an irgendeiner christlichen Wahrheit; sie wird ihn also eher zum Zweifel anregen und darin erhalten, als davon abhalten und befreien können. — So verhält es sich hiermit. Der modernen Menschheit, der gebildeten Welt kann diese Autorität dadurch, daß sie Göttlichkeit und Unfehlbarkeit in Anspruch nimmt, nicht helfen, im Gegentheil sie wird beständig Zweifel und Widerspruch erregen. Darum kann diese Autorität mit ihren enormen Ansprüchen und trotz derselben dem Christenthum nicht helfen, nicht Eingang verschaffen. Sie hat immer sich selbst im Auge, stellt immer sich selbst voran, fordert immer zuerst Anerkennung für sich selbst, die das moderne Bewußtsein weit schwerer gewähren kann als die Anerkennung des Christenthums selbst. Das Mittel schadet da dem Zwecke mehr als es ihm dient. Hunderte der Gebildeten sagen: Die christliche Wahrheit annehmen und befolgen wollen wir, aber einen schwachen Menschen wie wir selbst, der nur zu oft von Parteigetriebe und Intriguen aller Art beeinflußt ist, wie eine göttliche Autorität und für unfehlbar anerkennen, das ist uns unmöglich, um diesen Preis will die göttliche Offenbarung den Menschen sicher nicht verkauft werden. So wird das Papstthum mit seinen Ansprüchen dem Christenthum verhängnißvoll. Das Mittel oder Organ, das wirklich nützlich sein kann, muß weniger anspruchsvoll und mehr thätig, beweglich sein, um der gebildeten Welt gegenüber die Sache des Christenthums zu vertreten und zur Geltung zu bringen. Eine unmittelbar göttliche Autorität, ein Papstthum, das sogar göttliche Unfehlbarkeit in Anspruch nimmt, muß unfehlbar zuletzt in eine Sackgasse kommen, muß sich in seinen eigenen Entscheidungen so verschlingen und binden, daß es zuletzt nicht mehr vorwärts und nicht rückwärts kann. Denn was da einmal gesagt und entschieden wird, das muß es sein und bleiben, damit die göttliche Autorität, von der es ausgegangen, nicht etwa durch Zurücknahme Schaden leide; und so wird es denn aufrecht erhalten, obwol es unter veränderten Verhältnissen bei dem großen Wechsel menschlicher Dinge nicht mehr paßt. Zwar schreibt sich die päpstliche Autorität auch die Macht zu lösen zu, nicht blos die zu binden, allein die wendet sie stets nur auf Bestimmungen an, die andere gegeben haben, nicht auf die eigenen, göttlich gültigen oder unfehlbaren. So ist das Uebermaß der Autorität, welches der römische Papst in Anspruch nimmt, verhängnißvoll für ihn selbst und er muß zuletzt bei seiner festgehaltenen Unveränderlichkeit mit allen menschlichen Verhältnissen in Widerspruch kommen und krankhaft dem Lauf der Geschichte, der Entwickelung der Menschheit sich entgegenstellen, wie jetzt mit dieser Encyclica. Das Papstthum könnte die kraftvollste Vertretung des Rechts und der Wahrheit des Christenthums sein und der Menschheit große Wohlthaten erweisen, wenn es mit maßvollen Ansprüchen auftreten würde; mit seinem Anspruch aber auf göttliche Autorität wird es mit Mistrauen gegen das Christenthum und seine göttliche Wahrheit erfüllen, wird der Menschheit nichts nützen und sich selbst zuletzt verderben." So dieser.

Wir überlassen es den Theologen, sich mit diesen Ansichten auseinanderzusetzen; wie dem auch sei, mit der achtzigsten These hat das Papstthum der modernen Welt einerseits und sich selbst andererseits die Alternative gestellt: Biegen oder Brechen. Eine gefährliche Alternative, die günstig für das Papstthum nur dann zur Entscheidung kommen könnte, wenn es ihm gelänge, das Mittelalter in jeder Beziehung wiederherzustellen und insbesondere die moderne Bildung zu vernichten. Das ist nicht wahrscheinlich, ist gegen alle Natur und göttliche Weltordnung. Es ist ein Unglück für das Christenthum und die Völker, daß das System der katholischen Kirche sich ausgebildet hat und insbesondere die Ansprüche der Hierarchie formulirt wurden zu einer Zeit, als der Klerus noch im alleinigen Besitz der Bildung und damit der geistigen Macht war. Diese Ansprüche werden nun auch jetzt noch geltend gemacht, wo ganze Stände im Staate dem Klerus mit mindestens gleicher Bildung gegenüberstehen, ja Klerus und Träger der geistigen Bildung fast ganz getrennte Menschenklassen sind. Da müht man sich nun vergeblich ab und klagt an und verdammt die ganze neuere Wissenschaft und Bildung. Der Papst spricht noch immer zu den europäischen Völkern, als hätte er lauter unmündige Menschen, verstandlose Kinder und abgefeimte Verbrecher vor sich, während das, was ihn verletzt und schmerzt, nur von den ganz veränderten Verhältnissen bedingt ist, von den Fortschritten der Wissenschaft und Bildung, deren Träger nicht mehr der Klerus ist, der darum auch nicht mehr der einzige geistige Führer der Menschheit sein kann. Indeß der Papst wird, da er seine Ansprüche für göttlich berechtigte erklärt, von denselben nicht abstehen und seine Ansichten nicht ändern, da sein System sie für unfehlbar erklärt, erhaben über alle menschlichen Ansichten. Auch von den Bischöfen ist in dieser Beziehung gar nichts zu erwarten, da bei der absolutistischen Centralisation des jetzigen Kirchenregiments viel geistige Selbständigkeit, Muth und Kraft dazu gehören würde für einen Bischof, um gegen das römische System in Opposition zu treten. Seit Rom in der neuern Zeit einen entscheidenden Einfluß auf alle Bischofswahlen sich anzueignen gewußt hat, ist der Episkopat so gut wie unbedingt in der Gewalt der Römischen Curie. Wer nicht durchaus Anhänger des römischen Systems ist, wer nur einigen Verdacht gegen sich hat, daß er es nicht ist, und daß er zugleich geistige Bildung und Selbständigkeit besitzt, dem wird sicher in Rom die Bestätigung versagt. Bischöfe werden daher heutzutage nur diejenigen, die entweder in Rom selbst ins römische, ultramontane System eingeschult wurden, oder sich sonst ganz demselben angeschlossen haben oder wenigstens nicht durch hervorragende geistige Bildung so selbständig sind, daß etwa Ungefügigkeit oder gar Opposition von ihnen zu besorgen wäre. Wir verkennen nicht, daß es auch Ausnahmen gibt, aber sie sind vereinzelt und verschwinden in der überwältigenden Majorität. Unter diesen Umständen bleibt nichts anderes übrig, als daß die moderne Gesellschaft und der Staat sich selbst helfen und schützen vor der von Rom versuchten geistigen Vergewaltigung und vor der Hemmung der geistigen Entwickelung. Der Staat muß daher das Organ werden, die Wohlthaten der Wissenschaft und Bildung der Menschheit zu vermitteln. Er gewähre nur das volle Recht der Forschung, schütze die Wissenschaft in ihrer freien Fortbildung und suche das praktische Leben möglichst unabhängig von der hierarchischen Gesetzgebung zu machen. Dies geschieht durch Einführung der Civilehe und durch Gewährung vollständiger Glaubensfreiheit. Die ehelichen Verhältnisse, insofern sie von der kirchlichen Gesetzgebung beherrscht werden, sind bekanntlich eine der mächtigsten Handhaben für die kirchliche Autorität, auf das Volk einzuwirken und dadurch selbst für den Staat bestimmend und beherrschend zu werden. Durch die Civilehe wird in dieser Beziehung wenigstens theilweise Unabhängigkeit errungen. Sie ist selbst auf kirchlichem Standpunkt nicht so unzulässig, als man glauben machen will, wenigstens nicht in dogmatischer Beziehung. Ist es doch noch immer eine Streitfrage, wer eigentlich bei der Ehe Spender des Sakraments sei, ob der einsegnende Priester oder die die Ehe schließenden Personen; sobaß damit die Möglichkeit zugestanden ist, daß auch ohne den Priester eine wahrhaft christlich geschlossene Ehe eingegangen werden kann. Was dann die Religionsfreiheit betrifft, so sollte endlich einmal wenigstens in Deutschland damit voller Ernst gemacht werden. In Rom dauert allerdings der Dreißigjährige Krieg noch immer fort, denn der Friede, der ihn beendigte, wurde dort nicht anerkannt. In Deutschland aber dauert leider wenigstens der Friede, der diesem Kriege ein Ende machte, noch fort, d. h. noch immer will man volle Berechtigung nur jenen Confessionen zugestehen, welche infolge der Waffengewalt sich Gleichberechtigung errangen. So weit also sind wir noch zurück, daß die Berechtigung einer religiösen Ueberzeugung noch immer auf das Uebergewicht der Waffen und Fäuste zurückgeführt wird und hierauf beruht, nicht auf Anerkennung des Rechts einer selbständigen Ueberzeugung. Noch immer also ist physische Gewalt der wahre Grund, worauf die gewährte Gleichberechtignng beruht, nicht aber die Vernunft und Billigkeit. Wo diese Berechtigung des religiösen Bekenntnisses nicht auf eine Entscheidung durch physische Gewaltthaten sich gründet, da wird sie bisjetzt noch zögernd und unvollständig nur gewährt, wenn auch allerdings in neuerer Zeit die Verhältnisse sich einigermaßen zum Bessern gewendet haben. Wer seine Vernunft nicht der Unfehlbarkeit des römischen Papstes (resp. der in Rom herrschenden Partei) preisgibt, oder sich nicht der Auffassung des Christenthums, wie sie Luther oder Calvin für gut fanden, unterwirft, setzt sich noch immer der Gefahr aus, seine bürgerliche Stellung oder die wichtigsten bürgerlichen Rechte einzubüßen. Wenn es sich um religiöses Bekenntniß handelt, so verlangt man noch immer, selbst vom Gebildetsten, der sein ganzes Leben der Erforschung der Wahrheit gewidmet hat, daß er, um als Christ anerkannt zu werden, entweder auf den römischen Papst schwöre oder auf Luther oder Calvin. Das ist kein sehr vernünftiger, ist ein sehr unvollkommener und bemüthigender Zustand, ist ein Zustand der Willkür und Halbheit, des Faustrechts und der Unvernunft in Sachen der religiösen Ueberzeugung. Es ist dringend geboten, daß es anders werde schon darum, damit nicht die gebildeten Klassen noch mehr der Religion und ihrer Uebung entfremdet werden, wenn es ihnen einerseits unmöglich ist, sich einer der bestehenden Confessionen mit ihren Bekenntnissen und vorgeschriebenen, hauptsächlich auf das bildungslose Volk berechneten Obliegenheiten anzuschließen, andererseits es ihnen unmöglich gemacht wird in selbstständiger, ihrer Bildung und Ueberzeugung entsprechender Weise ihr religiöses Bedürfniß zu befriedigen. Die päpstliche Encyclica gibt genugsame Veranlassung, in diese Angelegenheit endlich Entschiedenheit und Klarheit zu bringen, d. h. Ernst damit zu machen, der religiösen Ueberzeugung volle Freiheit zu gewähren, soweit die Gesetze des Staats und die Grundbedingungen der bürgerlichen Gesellschaft dabei nicht verletzt werden, und namentlich da gar kein Bedenken mehr obwalten zu lassen bei Gewährung dieser Freiheit, wo z. B. die Grundlehren, die von Christus selbst in den Evangelien verkündet sind, zum Bekenntniß, zum Inhalt des Glaubens und Lebens gemacht werden. Geschieht dies nicht ernstlich, so ist es möglich, daß der absurde Fall eintritt, daß der Staat seine Macht zur Bestrafung derer anzuwenden aufgefordert wird, die seine Rechte der Encyclica gegenüber vertreten. Ist nämlich die Encyclica einmal amtlich verkündet, so können die Bischöfe und Seelsorger, wenn nicht Rücksichten und Klugheit davon zurückhalten, deren Anerkennnng und Befolgung ihrem ganzen Inhalte nach zur religiösen Pflicht machen und gegen die, welche widersetzlich sind, mit kanonischen Strafen, wol selbst mit der Excommunication einschreiten. Und wenn nun diese, wie es fast immer geschieht, nicht ohne mannichfache bürgerliche Benachtheili=

gung bleibt, so kann der Staat in seiner eigenen Mitte seine eigenen Bürger nicht schützen gegen Strafen, die sie sich durch Vertheidigung seiner Rechte zugezogen haben. Jedenfalls dürfte hieraus hervorgehen, wie dringend es geboten ist, daß vom Staate seinen Bürgern ernstlich die Möglichkeit gewährt werde, sich vor den Verfolgungen der Vertreter des päpstlichen Manifestes einigermaßen zu schützen und sicherzustellen.

# Anhang.

## Kritische Bemerkungen zur Broschüre Dupanloup's, des Bischofs von Orleans.*)

Unter den Publicationen über die Encyclica hat die des Bischofs von Orleans wol die meiste Verbreitung und Beachtung gefunden, was bei dem großen Aufsehen, das die Encyclica namentlich in Frankreich erregt, bei dem Conflict der Regierung und des Episkopats, den sie hier hervorgerufen, und endlich bei dem großen Ansehen und der glänzenden Rhetorik des Bischofs nicht zu verwundern ist. Dem Gehalt nach ist sie indeß keineswegs so bedeutend, als man nach dem Erfolge vermuthen könnte. Sie blendet und überredet mehr durch Rhetorik, als sie durch Gründe überzeugt, und sie geht thatsächlich auf Abschwächung, Milderung, Umdeutung der Encyclica und des Syllabus aus. Freilich hat sich Dupanloup in einem Briefe an das „Journal des Débats" höchlich dagegen verwahrt, daß er dies beabsichtigt habe. Das schließt indeß nicht aus, daß es thatsächlich so sei; nur

---

*) La Convention du 15 Septembre et L'Encyclique du 8 Decembre par Mgr. L'évêque d'Orleans de l'académie française. Suivie d'une lettre au Journal des Débats (Paris, Ch. Douniol, 1865).

haben wir es nach dieser Erklärung zu vermeiden, das als Fehler des Willens zu betrachten, was nur als Mangel von Einsicht angesehen werden darf. Es ist die zweite Hälfte der genannten Broschüre, in welcher der Bischof sich über die Encyclica verbreitet in sieben Abschnitten, denen noch eine Schlußbetrachtung beigefügt ist. Er will dieselbe natürlich vor allem ganz zeitgemäß finden, wenn sie auch der Welt lästig sei, tadelt es aber gleich anfangs als Misbrauch, daß man dieselbe nach ihrem Wortlaut ganz streng und übertreibend geltend gemacht, und da auf einmal strenger als der Papst, ultramontaner als die Ultramontanen sein wolle. Er findet es unberechtigt, daß man sie so deute, als sei jede Reflexion, jede Explication ausgeschlossen und nur blinde Unterwerfung gefordert; und es empört ihn, daß gerade jene zuerst darüber gesprochen, die hätten schweigen sollen, da sie keine Kenntniß von der Sache haben, die Journalisten. Um dies letzte zu zeigen, verbreitet er sich im ersten Abschnitt ausführlich über die Fehler und Entstellungen, die sich in der Uebersetzung des „Journal des Débats" finden. Deren Zahl ist allerdings nicht gering und die Journalisten hätten sich entweder genauer von der Sache unterrichten oder schweigen sollen. Indeß ist es auch sonderbar, daß vom Papste für die ganze Kirche Erlasse ausgehen zur Danachachtung, die selbst für Gebildete so wenig verständlich sind und erst wieder der Erklärung von seiten der Bischöfe bedürfen, die vielleicht wieder nicht ganz klar und nicht übereinstimmend sind (wie es thatsächlich der Fall, da keineswegs alle mit Dupanloup einverstanden sind)! Es ist darum auch nicht ganz billig, die Journalisten und die Regierung für die Misverständnisse der Encyclika allein verantwortlich zu machen, da die Bischöfe, auch wenn sie sich amtlich hätten erklären können, kaum alle übereingestimmt, und also kein sicheres Verständniß erzielt hätten und die klerikalen Journalisten, die niemand an der Explication hinderte, thatsächlich in derselben nicht übereingestimmt haben. Schon deshalb also sind die vielen Klagen über den großen Schaden, den das Verbot der amtlichen Publication von seiten der Bischöfe in Frankreich verursacht haben soll, nicht ganz begründet *), da ihnen nichtamtliche freistand, um Aufklärung zu geben, und es jedenfalls entsprechender und selbst respectvoller für die Kirche war, dasjenige von vornherein nicht als religiöse Pflicht der Gläubigen verkünden zu lassen, was man factisch doch nicht als solche beachten wollte und konnte. Uns scheint, der Papst selbst sei damit sogar mehr, sei entschiedener als bestehende Macht und Autorität anerkannt, als da, wo man die Encyclica unbeanstandet amtlich verkünden ließ, ohne doch im mindesten den Willen zu haben oder eine Verpflichtung anzuerkennen, sich darnach zu richten. Offenbar wird da die päpstliche Autorität wie eine gar nicht bestehende Macht oder als eine, deren Anordnungen völlig gleichgültig oder nichtsbedeutend sind, betrachtet.

Wenn Dupanloup im zweiten Abschnitt das Erscheinen der Encyclica dadurch begründen oder rechtfertigen will, daß es ja unbestreitbar Irrthümer gebe in der Welt und daß der Papst das Recht und die Pflicht habe, sich dagegen zu erklären, so ist durch diese unbestimmte, abstracte Wendung die Sache falsch gestellt. Es handelt sich nicht um Irrthümer überhaupt und nicht um die Pflicht des Papstes, gegen Irrthümer sich zu erklären, sondern darum, ob ein Recht da sei, all diese Sätze ohne weiteres als Irrthümer zu bezeichnen und ohne Unterschied zu verwerfen; politische Grundsätze so gut wie metaphysische Weltauffassungen, die Bibelgesellschaften so gut wie den Atheismus, die liberal-klerikalen Verbindungen so gut als den Communismus!

Im dritten Abschnitt gibt der Bischof Interpretationsregeln für die richtige Erklärung der päpstlichen Kundgebung. Da erfahren wir zuerst Folgendes: „Es ist eine Elementarregel der Auslegung, daß die Verdammung eines Satzes, der als falsch,

---

*) Daß diese Klagen unbegründet sind, dürfte auch daraus hervorgehen, daß da, wo die Publication von seiten der Bischöfe ungehindert geschehen konnte, wie z. B. in Deutschland, auch keine besondern Aufschlüsse gegeben wurden über den wahren Sinn des päpstlichen Rundschreibens, und die Leute darüber kaum klüger geworden sind als in Frankreich.

irrthümlich oder selbst als ketzerisch verworfen wird, nicht nothwendig die Behauptung seines Gegentheils einschließe, das vielmehr oft ein anderer Irrthum sein könnte, sondern nur die seines Widerspruchs. Der widersprechende (contradictorische) Satz ist der, welcher einfach den verdammten Satz ausschließt (verneint); der Gegensatz (conträre Satz) ist der, welcher über diese einfache Verneinung hinausgeht." (S. 101.) Nun ist zwar richtig, daß der contradictorische Gegensatz nur eine allgemeine Bejahung als solche aufhebt, ohne deshalb schon die allgemeine Setzung des Gegentheils auszusagen, wenn z. B. der Satz: „Alle Geschöpfe sind sterblich", blos verneint wird (contradictorisch): „Nicht alle Geschöpfe sind sterblich", so ist damit noch nicht ganz das positive Gegentheil: „Kein Geschöpf ist sterblich", ausgesprochen. Aber findet nun diese abstracte Regel hier auf die Encyclica und den Syllabus so ohne weiteres Anwendung? Nirgends ist angedeutet, daß es sich nur um contradictorischen Gegensatz handele, nicht um conträren, und es ist also dann vollkommen unbestimmt, was der Papst eigentlich meine. Offenbar kann aber in einzelnen Fällen gar nicht blos dies contradictorische Gegentheil gemeint sein, sondern es wird sicher der conträre Gegensatz behauptet. Der Atheismus, Naturalismus z. B. wird wol nicht blos contradictorisch verneint, sondern es ist wol das positive Gegentheil (das Conträre) behauptet. Wir haben demnach mit der ersten Regel des Bischofs sehr wenig gewonnen, da wir noch gar nicht wissen, wo wir die Verdammung blos als Verneinung und wo wir sie als Setzung des Gegentheils annehmen dürfen. Durch die Verdammung allein, wenn sie blos als reine Verneinung zu fassen ist, wissen wir in keinem einzigen Fall, was wir eigentlich an die Stelle setzen müssen, der contradictorische Gegensatz ist eine unendliche, ganz unbestimmte Verneinung, es wird da dem A nur non A entgegengestellt, ohne daß man damit schon weiß, was an die Stelle des A nun eigentlich zu setzen sei. Sollte der Papst in der That nur contradictorisch verneint haben, so wäre durch solch reine Verneinung eben nur zerstört, aber nichts dafür gesetzt, und an die Stelle der achtzig contradictorisch verneinten Sätze träten ebenso viele Unbestimmtheiten, die eher zum Skepticismus als zum positiven Glauben führen müßten. Ist es die Art des Lehrers, blos zu verneinen, und stellt man, um den Glauben zu fördern und die Wahrheit zu verbreiten, achtzig Unbestimmtheiten oder Räthsel auf, für die noch unbestimmt verschiedene Antworten möglich sind? Es ist also doch wol anzunehmen, daß der Papst, indem er einen Satz verdammt, damit nicht blos eine reine, ganz unbestimmte Verneinung aussprechen will, durch die noch gar keine berechtigte Bejahung angedeutet wird, sondern daß er auch eine bestimmte Bejahung im Auge hat und aufstellen will, wenn überhaupt die ganze Encyclica eine Bedeutung haben soll. Der Papst verdammt den Satz: „Es ist erlaubt, den legitimen Fürsten den Gehorsam zu verweigern." (63.) Ich gebe zu, daß damit nur dieser Satz als allgemeine Regel oder Wahrheit verneint sein kann und nicht nothwendig schon das Gegentheil als Wahrheit oder Regel aufgestellt zu sein braucht: „Es ist nicht (niemals) erlaubt, den legitimen Fürsten den Gehorsam zu verweigern." Durch die Verdammung weiß ich aber keineswegs, ob blos der contradictorische Gegensatz, die reine Verneinung gemeint ist, oder das gerade Gegentheil gesetzt, bejaht sein soll. Und gerade dann, wenn der contradictorische, nicht der conträre Gegensatz gemeint ist mit der Verdammung, ist sie unbestimmt, verwirrend und sogar immer theilweise falsch, weil der Schein der Allgemeinheit vorhanden oder hervorgebracht ist. Es müssen also, um den wahren Sinn der Verdammung jeden Satzes zu erkennen, die sonstigen Grundsätze, Handlungsweisen und Ansprüche der Römischen Curie und insbesondere der gegenwärtig dort herrschenden (jesuitischen) Richtung ins Auge gefaßt werden; und die Unterscheidung von contradictorischem und conträrem Gegensatz hilft uns soviel wie nichts. Sie kann nicht verbieten, die päpstlichen Verdammungen als conträre Gegensätze zu fassen, sie ermöglicht nur, sie auch nicht so, sondern nur als theilweise, nicht als vollständige Verneinungen zu betrachten — wenn uns Gründe dazu berechtigen.

Ebenso wenig hilft uns die zweite Regel, die Dupanloup

aufstellt, nämlich daß man beachten müsse, ob der verdammte Satz allgemein und absolut sei, denn in diesem Falle könne es leicht sein, daß ein solcher Satz verurtheilt sei wegen seiner Allgemeinheit und seines zu absoluten Sinnes. (S. 102.) Die Regel leistet uns wiederum deshalb gar keine Dienste, weil nicht gesagt ist, welche Sätze allgemein, unbedingt und welche nur theilweise oder bedingt verdammt sind, vielmehr sind alle Sätze einfach und schlechtweg als Irrthümer verdammt. Warum sagt der Papst nichts von diesem Unterschied, wenn er nothwendig gemacht werden muß, und verleitet dadurch zu neuen Irrthümern und veranlaßt neue Streitigkeiten darüber, welche Sätze blos um ihrer Allgemeinheit willen verworfen sind und welche an sich und unbedingt? Schon jetzt sind ja die Meinungen unter den Vertheidigern der Encyclica verschieden, da die extreme Partei gar sehr geneigt ist an durchgängiger, unbedingter Verwerfung festzuhalten. Unter diesen Umständen können auch die Gegner nicht anders, als sich überall darauf gefaßt machen, daß man die Verurtheilung der Sätze unbedingt nehme; — die Möglichkeit dazu ist jedenfalls geboten und der Wortlaut fordert dazu auf. Wenn der Bischof von Orleans es anders deutet, so ist das eben nur seine Ansicht und Auffassung. „Man muß das Princip der sogenannten Nichtintervention proclamiren und beobachten", lautet ein Satz (62). Dieser Satz, behauptet Dupanloup, sei nicht unbedingt verworfen und das Gegentheil, die Intervention, wolle der Papst nicht zum absoluten, allgemeinen Gesetz machen. Der Papst wolle nur, daß man die Nichtintervention nicht zum allgemeinen, internationalen Princip erhebe. Allein wo ist gesagt, daß es sich hier nur um ein positives Princip handele, das verhindert werden soll? Nirgends, und die Gegner haben ebenso viel Recht zu behaupten, daß das Princip der Intervention dabei behauptet, also das entgegengesetzte Princip verworfen sei. Dem Wortlaute nach handelt es sich um zwei entgegengesetzte Principe, während Dupanloup sagt, es handele sich nur darum, in dieser Sache die Principlosigkeit aufrecht zu erhalten. Ein Bemühen, das völlig überflüssig erscheint, da, wie er selbst anführt, es selbst von Frankreich factisch gar nicht beachtet wurde. Der Satz hat übrigens sicher die Aufrechthaltung der Intervention in Rom im Auge! Es ist, sagt der Bischof, eine andere Regel der Auslegung und des gesunden Sinnes, daß man alle Ausdrücke des verdammten Satzes aufmerksam studiren und abwägen müsse, um zu sehen, worauf sich die Verdammung bezieht und worauf nicht? (S. 104.) Unstreitig muß man das, so wie man auch „alle Ausdrücke, alle feinsten Nuancen zu beachten hat, da der Fehler eines Satzes oft an einer Nuance, an einem Worte hängt, wodurch allein der Irrthum begründet wird". (S. 105.) Das sind sehr wohlmeinende Vorschriften, aber nur ganz formeller, abstracter Art, die uns allein noch keineswegs dazu führen, den richtigen Sinn der Verurtheilung dieser achtzig Sätze zu eröffnen. Der Bischof von Orleans hat unsers Erachtens gerade die Hauptregel, die einen reellen Anhalt bei der Erklärung gewährt, anzuführen vergessen, nämlich die: Man studire und beachte vor allem das hierarchisch-mittelalterliche und das jesuitisch-ultramontane System mit all seinen Forderungen, Ansprüchen und Verboten, um den wahren Sinn der Encyclica und des Syllabus zu erkennen. Ohne dies ist ein richtiges Verständniß unmöglich und helfen alle übrigen Regeln nichts, denn die päpstliche Kundgebung ist nur der kurzgefaßte, in die Form von Verdammungen gebrachte Ausdruck von jenem. Nur dadurch wird man z. B. richtig verstehen, was die Verurtheilung des letzten Satzes sagen will: „Der römische Papst kann und soll sich versöhnen und in Einverständniß setzen mit dem Fortschritt, dem Liberalismus und der modernen Civilisation." Wenn Dupanloup bemerkt, daß mit diesen Ausdrücken nichts Bestimmtes gesagt sei, so ist das nicht die Schuld der Ausleger, sondern der Urheber des Syllabus, die deutlicher sich hätten erklären sollen, was sie mit all den Worten für einen Sinn verbinden, wenn dieselben nur mit Einschränkungen und in besondern Modificationen genommen werden dürfen. Wir haben, da das päpstliche Schreiben nähere Bestimmungen nicht gibt, das Recht, die

Ausdrücke in dem gewöhnlichen, bekannten Sinne zu nehmen, um so mehr, als die meisten der vorausgehenden Sätze diese Annahme hinlänglich rechtfertigen. Wenn mit dem letzten Satze, wie unser Verfasser will, nur gesagt sein soll, daß nicht alles, nicht das Schlechte, Verkehrte des Liberalismus und der modernen Civilisation anzunehmen sei, daß aber das Wahre und Gute daran der Papst durchaus nicht verwerfen wolle, — so ist derselbe zu einem nichtssagenden Gemeinplatz herabgesetzt, der noch dazu auch gefährlich und unbesonnen ist, da er seiner ganzen Fassung nach doch etwas ganz Besonderes auszudrücken scheint, nämlich, daß eben der Fortschritt, der Liberalismus und die moderne Civilisation gar nichts Gutes enthalten, mit dem der Katholicismus sich versöhnen und verbinden könnte. Die Sache stellt sich demnach so: Hat der Bischof mit seiner Deutung recht, dann ist dieser Satz und noch mancher andere des Syllabus bedeutungslos, haben aber diese Sätze eine bestimmte Bedeutung, dann ist die Interpretation des Bischofs nichtssagend.

Wir haben in unserer Beleuchtung der Encyclica gesehen, mit welcher Entschiedenheit der Papst die Religions-, die Cultusfreiheit verdammt. Dupanloup findet das nicht, sondern er findet in derselben nur die „exorbitante Doctrin" verdammt, daß der Staat gar keine Rücksicht auf die Religion zu nehmen habe, gleich als ob sie gar nicht existirte"; allein er vergißt dabei, daß die Encyclica noch ausdrücklich beifügt: „oder wenigstens ohne einen Unterschied zu machen zwischen wahrer und falscher Religion." Ein Zusatz, der die ganze Deutung Dupanloup's als unrichtig erscheinen läßt, und der selbst die „exorbitante Doctrin" in sich schließt, daß der Staat nur der wahren Religion volle Anerkennung zollen dürfe und müsse. Eine Forderung, die wir früher gewürdigt haben.

Auch die Freiheit der Presse findet unser Verfasser gar nicht durch das päpstliche Rundschreiben beeinträchtigt. Es soll nur die ganz und gar unbeschränkte Freiheit damit verdammt sein. Aber eine ganz unbeschränkte Freiheit der Presse, ohne alle Beschränkung durch staatliche und moralische Gesetze, besteht ja ohne hin nirgends und ist von Menschen mit gesundem Verstande auch nie gefordert worden. Bei dieser Deutung wäre also der Satz gegenstandslos und die Encyclica kämpfte da gegen Windmühlen! Man weiß aber in Rom sehr wohl, was die Völker und Verfassungen unter Preßfreiheit verstehen und was man selbst dem Volke versagt. Und diese ist als verwerflich bezeichnet, sonst müßte man die Preßfreiheit, wenigstens die mit gehörigen Schranken, päpstlicherseits ja selbst gewähren!

Die Stelle der Encyclica, welche die Behauptung verwirft, „daß die Kirche nichts beschließen dürfe, was die Gewissen der Gläubigen binden könne in Bezug auf den Gebrauch der zeitlichen Güter", deutet der Bischof dahin, daß hier nur vom Einfluß der Kirche die Rede sei in Bezug auf die moralische Anwendung der zeitlichen Güter. Allein, wo wurde der Religion und der Kirche je verboten, auf die Gläubigen einzuwirken, daß sie keinen unmoralischen, keinen lasterhaften Gebrauch von ihrem Gute machen? Nein, nicht um den moralischen oder unmoralischen Gebrauch der Güter handelt es sich, sondern um den kirchlichen, um den Gewinn der zeitlichen Güter zu kirchlichen Zwecken, zur Disposition der kirchlichen Obern, der kirchlichen Genossenschaften, der Jesuiten z. B., welche die Kunst so sehr verstehen, die Gläubigen zu bewegen, über ihre Güter zu ihren Gunsten zu verfügen und ihnen dieselben zur Verfolgung ihrer nicht immer gerade staatsfreundlichen Zwecke zur Disposition zu stellen.

Im vierten Abschnitt: „Die Philosophie und die Vernunft", will uns der Bischof von Orleans zeigen, daß die Encyclica durchaus keine Gefahr für beide bringe und daß die Befürchtungen in dieser Beziehung nur Phantome seien. Er hütet sich wohl, auf die einzelnen Sätze des Syllabus einzugehen, die sich hierauf beziehen. Statt dessen versichert er uns, daß Pius IX. die Vernunft sehr hoch stelle, und führt als Beweis davon die vier Sätze an, die derselbe im Jahre 1855 zur Veröffentlichung brachte. Wenn man diese Sätze beachte, könne man unmöglich sagen, daß Pius IX. die Philosophie und die Vernunft verdamme. Der Papst, sagt der Verfasser, proclamirte: 1) die Uebereinstimmung von

Vernunft und Glauben und ihren gemeinsamen göttlichen Ursprung: „Da alle beide aus der nämlichen unveränderlichen Quelle der Wahrheit stammen, die Gott ist." 2) Die Gewißheit der Vernunft und die Geltung der rationellen Beweise.... „Die Vernunftforschung kann mit Gewißheit die Existenz Gottes, die Geistigkeit der Seele und die Freiheit des Willens beweisen." 3) Das Vorausgehen der Vernunft vor dem Glauben: „Der Gebrauch der Vernunft geht dem Glauben voraus." 4) Der Papst rächte den heiligen Thomas, den heiligen Bonaventura und die großen Scholastiker derselben Schule, die alle die menschliche Vernunft „als eine gewisse Theilnahme an der göttlichen Vernunft" bezeichnet haben.... — Gesetzt, in diesen Sätzen vom Jahre 1855 sei das Recht der Philosophie und Vernunft vollkommen anerkannt, können sie als Beweis dafür gelten, daß dies auch im Syllabus vom Jahre 1864 der Fall sei? Dupanloup, der so viel von den wahren Regeln der Interpretation spricht, muß doch wissen, daß nicht die spätern Erlasse nach den frühern gedeutet werden dürfen, sondern umgekehrt die frühern nach den spätern zu interpretiren sind! Diese Sätze hindern also durchaus nicht, anzunehmen, daß in dem Syllabus das Recht der Vernunft und Philosophie aufgehoben sei; man könnte daraus höchstens das schließen, daß Pius IX. früher beiden Anerkennung gezollt, die er ihnen jetzt versagt. Indeß ist es nicht so; diese vier Sätze von 1855, wenn sie nur recht verstanden werden in dem Sinne des ihnen zu Grunde liegend Systems, sind mit den verdammten Sätzen des Syllabus ganz wohl vereinbar, d. h. ebenso feindlich den Rechten der Vernunftforschung, der Philosophie. Vernunft und Glauben sind in Uebereinstimmung, wird gesagt; daraus wird aber keineswegs Vertrauen in die Vernunft und Selbständigkeit derselben abgeleitet, sondern nur Unterwerfung unter den Glauben oder die unphilosophische Autorität, und damit die Grundbedingung der wissenschaftlichen Erkenntniß, die Freiheit aufgehoben. Wenn angenommen wird, daß Vernunftforschung das Dasein Gottes beweisen könne u. s. w., so ist auch das keine Anerkennung und würdige Betrachtung der Vernunft, denn sie schließt zugleich eine autoritativ behauptete und aufgezwungene Beschränkung der Vernunftforschung auf die altherkömmlichen Beweise in sich, wie sie der Syllabus bestimmter ausspricht. Ueberhaupt kann nur die Vernunftforschung selbst bestimmen und entscheiden, was sie zu erkennen vermöge und was nicht. — Auch der dritte Satz enthält keineswegs eine besondere Begünstigung der Vernunft, wenn man nur beachtet, was er nach dem scholastischen System bedeutet. Er bedeutet nicht Selbständigkeit der Vernunftforschung, sondern nur Pflicht der Unterwerfung. Die Vernunft darf nämlich die sogenannten natürlichen Wahrheiten erkennen und dadurch zum christlichen Glauben (denn der ist gemeint) hinführen, muß sich da aber bescheiden weiter zu forschen und sich unterwerfen (in Gefangenschaft). Der vierte jener Sätze von 1855, den der Bischof näher anzugeben unterläßt, war geradezu feindselig gegen die Philosophie, und alle Rechte und Möglichkeit derselben vernichtend. Er verbot nämlich, die Scholastiker zu kritisiren und sie des Irrthums zu zeihen, und sanctionirte dadurch, wie der Syllabus, die Scholastik als allein geltende Philosophie. Das ist aber gleichbedeutend mit Aufhebung der Philosophie, die nur in der freien Forschung und im lebendigen Fortschritt bestehen kann. Eine Philosophie der Vergangenheit für allein berechtigt und unantastbar erklären, heißt sie selbst und ihre Beweise als Glaubensobject hinstellen und alles weitere Philosophiren verbieten, heißt Princip, Methode und Beweise selbst zu Glaubenssätzen machen und, wissenschaftlich betrachtet, den Fluß des Lebens der Philosophie zum Erstarren bringen. Also: selbst die drei ersten der genannten Sätze kommen nur der Scholastik zugute, nicht der Philosophie und Vernunft überhaupt. Jede andere Philosophie, jeder andere Vernunftgebrauch ist vielmehr verboten. Die Vernunft muß nicht blos dem Glauben, sondern auch der scholastischen Philosophie unterworfen sein; — in deren Fesseln allerdings auch der Papst und das römische System selbst sich befinden. Ein Umstand, der für den freien, reinen christlichen Glauben selbst, nicht blos für die Philosophie ein großes Hinderniß und ein schwerer Nachtheil ist. Die Publication von 1855 und der Syllabus von 1864 sind nicht in Widerspruch, aber sie sind beide feindlich gegen die wirkliche Philosophie und ein Hemmschuh der Vernunftforschung; nur ist der Syllabus fortgeschrittener in der Feindseligkeit. Hätte sich die Vernunftforschung an dergleichen Vorschriften der Glaubensautoritäten stets gehalten, wo möchte da wol die Wissenschaft, die Menschheit und das Christenthum selber sein!

„Der Fortschritt und die moderne Civilisation" heißt der fünfte Abschnitt. Nach Dupanloup ist, wie wir schon wissen, der Syllabus auch in seinem letzten Satz durchaus nicht unversöhnlich gegen den Fortschritt und die Civilisation gerichtet, das wäre, sagt er, eine „Ungeheuerlichkeit" (Enormität), die man doch dem Papste nicht zutrauen solle. Es muß hier der Unterschied von contradictorisch und conträr wieder aushelfen, den wir schon kennen. Wir sahen schon früher, wie es sich damit verhält. Es läßt sich doch sicher nicht annehmen, daß mit dem achtzigsten Satze nur der Gemeinplatz ausgesprochen sein soll, daß der römische Papst nicht alles, was sich Fortschritt, Liberalismus und moderne Civilisation nennt, gleich in Bausch und Bogen annehmen dürfe, sondern nur das Gute, Wahre und Berechtigte davon! Dazu hätte es wahrlich keines ausdrücklichen Satzes bedurft. Doch Dupanloup will den Beweis für seine Behauptung liefern. Man solle doch, meint er, sich nicht einbilden, daß der Papst das Gute im Fortschritt, das wahrhaft Nützliche in der modernen Civilisation, das wahrhaft Liberale und Christliche im Liberalismus verdamme. (S. 115.) Gewiß wird dies der Papst nicht, das wollen wir zugeben, wenn er dergleichen wahrnimmt. Der Satz aber deutet genugsam an, daß eben der Papst gar nichts Wahres, Gutes, Nützliches oder gar Christliches an alledem wahrnehme, was er in demselben nennt und mit dem er jede Versöhnung und Verbindung verwirft. Aber Pius IX. sei ja selbst am Beginn seiner Regierung liberal gewesen, fährt unser Verfasser in seiner Beweisführung fort, man könne also nicht annehmen, daß er unbedingt „gegen den Liberalismus überhaupt unversöhnlich sei". Allein das ist nur ein Beweis, daß der Papst früher anders gedacht und gehandelt als jetzt, nicht aber daß man jetzt seine Worte nach den frühern Thaten zu beurtheilen habe. Wenn übrigens Dupanloup zu verstehen gibt, daß es der thatsächlich dem Papst entgegentretende italienische Liberalismus sei, den er im Auge habe, so hätte das in einem allgemeinen Erlaß, der für die ganze Welt bestimmt ist, bemerkt werden müssen, um das gefährliche Misverständniß zu vermeiden, als sei der Liberalismus, Fortschritt und die Civilisation überhaupt verdammt. Wenn der Papst im Jahre 1861 die Kirche (das Papstthum) die Mutter und Pflegerin jeder wahren Civilisation genannt, so ist das noch kein Beweis, daß in Rom das, was man sonst allgemein Civilisation nennt, nach seinem wahren Wesen als berechtigt und gut anerkannt werde, sondern es scheint hier vielmehr das ultramontane Streben, das dem, was man Civilisation nennt, größtentheils entgegengesetzt ist, unter wahrer Civilisation verstanden zu sein. — Als ganz unstatthaft, ja ungerecht müssen wir es endlich bezeichnen, wenn Dupanloup die Gottesleugner und die Gegner des Christenthums ohne weiteres als die Vertreter des Liberalismus hinstellt, um die Verdammung desselben durch den Papst gerechtfertigt zu finden. Ich denke, es gibt Vertreter des Liberalismus und Gegner des Ultramontanismus genug, die nichts weniger als Gottesleugner oder Gegner des Christenthums sind, denen der Bischof von Orleans selber kaum sehr ferne steht, und die so gut eine selbständige Richtung repräsentiren und eine Berücksichtigung verdienen wie die Mitarbeiter der „Revue des deux Mondes" u. s. w.

Im sechsten Abschnitt: „Freiheit des Cultus" (S. 121), versichert uns der Bischof, daß nicht die Gewissens-, die Cultusfreiheit verdammt sei, sondern nur der religiöse Indifferentismus. Wir müssen leider sagen, daß vielmehr das Gegentheil zu behaupten eher berechtigt wäre. Wer sich ganz indifferent verhält in Sachen der Religion, sich gar nichts darum bekümmert, keinen Werth darauf legt und alles gehen läßt, wie es geht, der bleibt in der Regel von der kirchlichen Autorität ganz unangefochten, mag er sonst eine Ansicht haben welche immer. Dagegen werden diejenigen, die redlichen Eifer zeigen für Religion und

Glauben und offen ihr Bekenntniß ablegen, oder jene, die gar als Katholiken nach Verbesserung, Belebung, Reinigung des Glaubens streben, gar oft bitter verfolgt. Wir wüßten Beispiele anzuführen! — Aber der Papst selbst übt ja in seinen Staaten Toleranz gegen Andersgläubige, gegen die Juden u. s. w., sagt man. Wohl, allein das ist nur ein Beweis, daß Wort und That nicht übereinstimmen und daß es in der Welt unmöglich ist, die Grundsätze der Intoleranz allenthalben consequent durchzuführen. Uebrigens genügt dem wahren Begriff von Toleranz die sogenannte „Civiltoleranz" noch keineswegs, d. h. die blos äußerliche Duldung in der bürgerlichen Gesellschaft aus äußerlichen Gründen, aus Noth, wegen der Unmöglichkeit es zu ändern u. dgl. Die wahre Toleranz geht aus Vernunft, Pflichtgefühl, Achtung und christlicher Liebe gegen die Personen hervor. Die verschiedene Ueberzeugung des andern muß geachtet werden, weil derselbe auch ein Recht auf eigene Ueberzeugung hat, wie wir selbst, und nicht durch Aufzwingung einer ihm fremden wie ein unvernünftiges, rechtloses Geschöpf betrachtet und behandelt werden darf. Toleranz ist daher nicht blos eine politische Nothwendigkeit, sondern eine sittliche Pflicht, die der Wahrheit selbst schon deßhalb nichts vergibt, weil sie eben in andern Menschen auch das Recht auf Wahrheit anerkennt, die nur in wirklicher Ueberzeugung, nicht in blos äußerlich erzwungenem Annehmen für den Menschen existirt. — Wenn (S. 127 fg.) aus den Werken großer Kirchenlehrer dargethan wird, daß man in der Kirche früherer Zeit nicht der Ansicht war, der Glaube dürfe oder müsse mit Gewalt den Menschen aufgezwungen werden, so lassen wir uns dies bestens gefallen, müssen aber dafür halten, daß damit der Beweis gegen die päpstliche Encyclica geführt und daß dargethan sei, dieselbe enthalte nicht die wahre katholische Lehre, sondern nur eine Parteiansicht, die jetzt als allgemeine octropirt werden soll. Daß die Encyclica eine andere Ansicht in dieser Beziehung vertritt als die Kirchenlehrer, ist offenbar, denn nicht umsonst kann der Papst das Recht in Anspruch nehmen, auch zeitliche Strafen um des Glaubens willen zu verhängen;

und wenn im funfzehnten Satze die Behauptung verdammt ist, daß der Mensch befugt sei, die Religion anzunehmen und zu bekennen, die er, geführt durch das Licht der Vernunft, für die wahre hält, so ist damit offenbar Glaubenszwang für angemessen oder berechtigt erklärt. Denn wenn jemand zu dem Glauben sich nicht bekennen darf, den er und weil er ihn nach Vernunftprüfung für den wahren hält, welche andere Art zum Glauben zu führen bleibt übrig als die äußerlich zwingende? Wenn intellectuelle Thätigkeit und Prüfung hier nicht entscheiden darf, so kann die Entscheidung nur durch äußerliche, physische Gewalt oder blindes inneres Schicksal zu Stande kommen! Dies liegt um so näher, da jedenfalls zum Behufe der Vertheidigung des Glaubens gegen Angriffe das Recht der physischen Gewaltanwendung (S. 129) in Anspruch genommen wird und die Grenzen zwischen Angriff und Vertheidigung in diesem Gebiet nicht gar zu leicht und bestimmt sich angeben lassen. Auch weiß der Bischof noch durch eine andere Wendung das wieder als berechtigt einzuführen, was er zuvor als unberechtigt und unchristlich durch Stellen aus Kirchenlehrern dargethan hat. Er findet es nämlich als unstatthaft, daß die kirchliche Autorität nicht einmal die Rechte der väterlichen Autorität haben soll, von der sie doch die Pflichten hat. Der geringste Familienvater hat wesentlich das Recht, die Pflicht und die Mittel, die zu schützen, die er liebt, gegen die Feinde der Familie und gegen sie selbst, und sie zu verhindern Thorheiten zu begehen, sich zu verirren, zu verderben, — sollte die geistliche Autorität weniger Rechte haben? (S. 129.) Das nimmt sich sehr plausibel und unverfänglich aus, aber die Geschichte weiß von dieser väterlichen Gewalt der kirchlichen Autorität zu erzählen und von der liebevollen Anwendung der physischen Mittel, insbesondere gewisser Elementarkräfte, um die Kinder vor Feinden und vor sich selbst zu schützen und im wahren Glauben zu erhalten! Und noch jetzt, wo allerdings jene energischen Anwendungen väterlicher Gewalt von seiten der Träger der kirchlichen Autorität nicht mehr ausführbar sind, welch schöne Anwendungen davon kommen gleichwol noch vor! So einseitig ge=

bildet oder auch ganz unwissend diese geistlichen Väter auch oft sind, wie üben sie ihre väterliche Gewalt oft den Gebildeten, insbesondere, wenn es möglich ist, dem wissenschaftlichen Forscher gegenüber, wie ein Kind ihn behandelnd, strafend, selbst mißhandelnd, soweit es angeht! Davon freilich sagt unser Verfasser nichts, diese Schwierigkeit, dieses bedenkliche Verhältniß der modernen Zeit entgeht ihm, wie es scheint. Dupanloup erspart uns leider auch die gewöhnliche Klage und Beschuldigung nicht, daß die Liberalen so unconsequent, so unliberal seien ihren Gegnern, den Vertretern der Unfreiheit, der Bevormundung und des Zwanges gegenüber. Man klagt, daß die Liberalen dem Ultramontanismus, den Feinden jeder Freiheit gegenüber nicht auch liberal seien, sondern da ihren Grundsätzen untreu werden und Verbot und Schrankensetzung für berechtigt und angemessen halten. Das scheint eine Inconsequenz der Liberalen zu sein, während allerdings die Ultramontanen, die allenthalben auf Beschränkung und Zwang ausgehen, den Liberalen gegenüber ganz in ihrer Consequenz sind, wenn sie allenthalben ihnen Freiheit und Rechte zu nehmen trachten. Allein es ist doch selbstverständlich, daß die Liberalen gerade den Feinden des Liberalismus und der Freiheit gegenüber sich selbst schützen und wahren müssen. Gegen den Feind der Freiheit muß diese, um nicht sich selbst der Zerstörung preiszugeben, sich schützen dadurch, daß ihm die Möglichkeit genommen wird, die Freiheit aufzuheben. Gegen den Tyrannen ist der Liberalismus unmöglich, d. h. ihm kann nicht die Freiheit gestattet werden, die er will, nämlich die Freiheit — andern die Freiheit zu nehmen und Tyrann zu sein. Ich dächte, das sei doch klar genug und man sollte endlich aufhören, um deswillen den Liberalismus der Inconsequenz zu beschuldigen! Weit weniger consequent ist es, scheint mir, wenn die Gegner der liberalen gesellschaftlichen Einrichtung alle liberalen Errungenschaften und Rechte sich bestens gefallen lassen und benutzen, um den Liberalismus, dem sie diese Mittel der Wirksamkeit verdanken, zu bekämpfen und womöglich zu vernichten. Wenn darum schließlich Dupanloup darauf hinweist, daß ja Pius IX. selbst zuerst liberale Einrichtungen zu geben versucht, und daß er stets gestattet habe, die Rechte nnd Mittel des Liberalismus sich anzueignen und für die Zwecke der Kirche nützlich zu machen, so sind wir mit diesen freimüthigen Aeußerungen des Bischofs (S. 139—140) einverstanden, können aber darin keine Vertheidigung oder Rechtfertigung der Encyclica und des Syllabus erblicken, sondern sehen darin vielmehr den Beweis, daß die Thaten und die Worte des Papstes nicht ganz in Einklang miteinander stehen. Die Thaten Pius' IX. zeigen, daß er selbst nicht nach dem Worte dieser seiner Publication gehandelt hat und nach seiner Sinnesweise nicht danach handeln kann, die Thaten früherer Zeit aber, welche die kirchliche Autorität geübt oder veranlaßt hat, um gerade die Grundsätze in praktische Ausführung zu bringen, welche die encyclische Kundgebung erneuert, jene Thaten zeigen, wie schrecklich die Folgen wären, wenn neuerdings damit Ernst gemacht würde, und wie inhuman und unchristlich das Ziel ist, dem die ultramontane Partei zustrebt.

Verlag von S. A. Brockhaus in Leipzig.

# RESPONSA AD CALUMNIAS ROMANAS.
Item Supplementum Novi Testamenti ex Sinaitico codice anno 1865 editi.
Scripsit **Constantinus de Tischendorf.**
8. Geh. 10 Ngr.

Eine energische an die Partei der Civiltà Cattolica zu Rom gerichtete Antwort. Die von dieser Partei unternommene Vertheidigung Angelo Mai's als Herausgebers des Codex Vaticanus wird in voller Blösse hingestellt, ebenso die undankbare und gehässige Entstellung alles dessen, was Prof. von Tischendorf in Betreff des Codex Vaticanus und der neuesten päpstlichen Ausgabe geleistet hat.

Das „Supplementum" bereichert das Novum Testamentum codice „Vaticana lectione notata" (1865) ausser andern Nachträgen den reichen Resultaten der Tischendorf'schen (und neuesten römischen) Bearbeitung des Codex Vaticanus.

# NOVUM TESTAMENTUM GRAECE.
## EX SINAITICO CODICE
omnium antiquissimo Vaticana itemque Elzeviriana lectione notata edidit
**Constantinus Tischendorf.**
Cum tabula. Accessit Supplementum 1870.
8. Geh. 4 Thlr. Geb. 4 Thlr. 15 Ngr.

Diese Ausgabe des Novum Testamentum aus dem Codex Sinaiticus ersetzte das so schnell vergriffene Novum Testamentum Sinaiticum (1863). Es hat vor dem letztern noch voraus die Vergleichung mit dem sogenannten textus receptus und mit dem Codex Vaticanus. Das jetzt beigefügte „Supplementum" mit mehrern Nachträgen, besonders den vielen Berichtigungen der Vaticanischen Lesarten, die erst durch Tischendorf's eigene Ausgabe des Vaticanus möglich wurden, erhöht noch wesentlich den Werth des Werks.

# VETUS TESTAMENTUM GRAECE
## IUXTA LXX INTERPRETES.
Textum Vaticanum Romanum emendatius edidit, argumenta et locos Novi Testamenti parallelos notavit, omnem lectionis varietatem codicum vetustissimorum Alexandrini, Ephraemi Syri, Friderico-Augustani subiunxit, prolegomenis et epilegomenis instruxit
**Constantinus Tischendorf.**
Editio quarta, identidem emendata, prolegomenis passimque etiam commentariis ex codice Sinaitico aliisque auctis.
2 tomi. 8. Geh. 4 Thlr. Geb. 5 Thlr.

Wenn schon die erste Auflage von 1850 nach D. Rudelbach's Ausdruck „ein tiefgefühltes Bedürfniss in angemessenster Weise befriedigte", so gilt dies noch weit mehr von dieser vierten Auflage, welche die zweite und dritte an Verbesserungen und Erweiterungen noch übertrifft. Der Ausfall des Commentars im Psalter durch eine grössere Lücke des Codex Alexandrinus wurde jetzt durch die Collation des Sinaiticus ausgeglichen. Die Prolegomena (CXII Seiten) wurden zum grossen Theil umgearbeitet und enthalten genaue Nachweise über die wichtigsten textkritischen Hülfsmittel, von denen viele durch den Herausgeber erst entdeckt wurden oder doch ihre erste gründliche Bearbeitung erfuhren. Es gibt keine Ausgabe der Septuaginta, die sich mit der Correctheit und textkritischen Ausstattung der Tischendorf'schen vergleichen liesse.